Oh Schreck – Ein Fleck

Fleckenentfernung von A bis Z

Helga Schmidt

Oh Schreck – Ein Fleck

Fleckenentfernung von A bis Z

EDITION XXL

Inhalt

Oh Schreck, ein Fleck! Was nun?

Rotwein auf der weißen Jeans, Schokolade auf dem neuen Hemd und Ketchup auf dem Sofa. So sieht der Schrecken meist aus.

Was tun? Lassen wir sofort die chemischen Fleckenteufel tanzen? Sicher nicht die beste Idee, wenn wir an unsere Gesundheit und die unserer Familie denken.

Großmutter wusste besseren Rat, und ihre Methoden und Mittel sind immer noch oder auch wieder aktuell: sanfte und preiswerte Alternativen, die auch noch die Umwelt schonen.

Großmutters Tricks sind weder besonders anstrengend, noch erfordern sie viel Zeit. Und sie sind für unsere modernen Textilien genauso geeignet wie für Naturfasern. Die Frage lautet eigentlich nur: Natur oder Chemie?

Die Kampfgefährten im modernen Fleckenkrieg stehen in fast jedem Küchenschrank. Essig und Salz, Backpulver und Zitronensaft, Mineralwasser und Kartoffelmehl.

Mit den richtigen Tricks lassen sich damit die meisten Flecken problemlos zum Verschwinden bringen, Ruhe und Umsicht vorausgesetzt. Es kommt dabei aber nicht nur auf das richtige Mittel, sondern auch auf die Technik an.

Flecken erfolgreich zu behandeln, muss keine Glückssache sein. Dieses Buch wird Ihnen dabei helfen, ohne schwere Geschütze die meisten Flecken zu besiegen.

Zehn Profi-Tipps zur Fleckenentfernung

1. Das oberste Gebot für eine erfolgreiche Fleckenbehandlung ist zwar schnelles Handeln, denn je frischer der Fleck, desto leichter lässt er sich wieder entfernen. Aber bitte keine Hektik, sondern mit Überlegung und Ruhe an die Sache herangehen. Unüberlegte und überstürzte Maßnahmen bewirken oft nur eine Verschlimmerung des Missgeschicks.

2. Flecken möglichst sofort und vor dem Waschen entfernen.

3. Pflegeetiketten des Textilherstellers beachten. Prüfen, ob das Gewebe waschbar oder nicht waschbar ist.

4. An verdeckter Stelle auf Farbechtheit prüfen. Dazu eignen sich Säume, innen liegende Nähte und bei Polstern zum Beispiel die Rückseiten.

5. Unterschiedliche Flecken erfordern unterschiedliche Behandlungen und unterschiedliche Flecken- und Hilfsmittel. Ein Universal-Fleckenmittel gibt es nicht, da Flecken durch die verschiedenartigsten Substanzen entstanden sein können und deshalb auch unterschiedlich zu behandeln sind.

6. Wenn handelsübliche Fleckenmittel benutzt werden, unbedingt sorgfältig die Gebrauchsanleitung lesen und beachten. Auf Warnhinweise achten. Einige im Handel befindliche Mittel zur Fleckenentfernung können giftige Dämpfe entwickeln oder sind leicht brennbar.

7. Flecken möglichst nicht eintrocknen lassen. Es sei denn, es handelt sich um einfachen feuchten Schmutz, den man nach dem Trocknen gut mit einer Bürste entfernen kann.

8. Grober Schmutz sollte vorsichtig mit einem Spatel oder Messer entfernt werden, bevor man weitere Maßnahmen ergreift.

9. Flecken immer von außen nach innen behandeln, um zu verhindern, dass sich der Fleck noch weiter ausbreitet. So werden auch Fleckenränder vermieden.

10. Die Regel Nummer Eins nicht vergessen: Ruhe bewahren!

Erste Hilfe für alle Fälle

Sprudelwasser

Ein altbewährtes Hausmittel als schnell wirkender Fleckenentferner für Textilien ist tatsächlich reines Mineralwasser mit Kohlensäure, auch und vor allem dann, wenn man den Ursprung des Flecks nicht genau feststellen kann.

Durch die Kohlensäure hat Mineralwasser eine stärkere Reinigungskraft als normales Leitungswasser, das oft auch noch kalkhaltig ist.

Entfernung

- Man gießt etwas Sprudelwasser direkt auf den Fleck. Zuvor legt man ein sauberes Tuch (Handtuch, Waschlappen oder Ähnliches) unter die Stelle. Das Mineralwasser einige Minuten auf den Fleck einwirken lassen. Je nach Gewebeart kann man den Fleck auch großzügig „einwässern". Wenn möglich, Fleck von links behandeln und darauf achten, dass man durch Verschieben der Unterlage den Fleck nicht weiter verbreitet.

- Die Reinigungswirkung von Mineralwasser ist zwar äußerst schonend, doch ist vor allem bei empfindlichen Textilien immer Vorsicht geboten. Dies gilt besonders für feine Seidengewebe und Brokat, denn auf diesen empfindlichen Geweben kann möglicherweise sogar das unverdächtige Mineralwasser neue Flecken oder Ränder hinterlassen.

- Nach kurzer Einwirkzeit nimmt man die noch vorhandene Flüssigkeit mit einem sauberen Schwamm oder Baumwolltuch auf.

- Mit etwas Glück lassen sich so sogar frische Rotwein- und Obstflecken entfernen. Kohlensäurehaltiges Mineralwasser ist auch ideal zur Entfernung von Fettflecken aus Wolle.

Wasser und Seife

Bei einfachen Flecken bewährt sich immer noch das einfache Auswaschen, am besten mit einem Stück Kernseife und Wasser. Besser als das oft kalkhaltige Leitungswasser ist dazu Mineralwasser ohne Kohlensäure geeignet.

Besonders auf Reisen wird man keine Kernseife zur Hand haben und muss zu irgendwelchen vorhandenen Seifenstücken greifen.

! VORSICHT aber bei farbigen Seifenstücken. Sie könnten besonders auf hellen Textilien Verfärbungen und neue Flecken hinterlassen ...

Feinwaschmittel

Meistens hilft eine Mischung aus flüssigem Waschmittel und warmem Wasser gegen besonders hartnäckige Flecken.

! Aber VORSICHT mit Warm- oder gar Heißwasserbehandlungen bei eiweißhaltigen Flecken wie Blut, Ei, Soßen und Flecken durch Milchprodukte, da Eiweiß bei höheren Temperaturen gerinnt und sich dann diese Flecken kaum oder doch nur sehr schwer wieder entfernen lassen. Bei eiweißhaltigen Flecken entweder die Fleckenlauge mit kaltem Wasser herstellen oder abkühlen lassen, bevor man sich ans Werk macht.

Entfernung

- Am besten stellt man eine Seifenlauge aus einem Feinwaschmittel und Wasser her und legt den Fleckenbereich für einige Zeit hinein. Als Hilfsmittel für das Einweichen bieten sich außer einem Waschbecken mit Stöpsel auch tiefe Teller, Töpfe oder Schüsseln an.
- Man kann den Fleck in der Lauge zusätzlich noch mit einer weichen Bürste bearbeiten. Nach dem Ausspülen und Trocknen wird man dann sehen, ob die Behandlung erfolgreich war oder vielleicht wiederholt werden muss.

Fleckenarten und Utensilien

Jeder Fleck ist anders und Fleck ist nicht gleich Fleck

Die Möglichkeiten, wie und wodurch Flecken entstehen, sind praktisch grenzenlos. So vielfältig Fleckenursprung und Fleckenart sind, so mannigfaltig sind die Methoden und Mittel zu ihrer Entfernung. Flecken lassen sich allerdings in Kategorien ordnen und ähnliche Flecken kann man auch mit ähnlichen Mitteln und Methoden erfolgreich bekämpfen. Allerdings spielt auch das Material, auf dem sich der Fleck befindet, eine ganz wichtige Rolle.

Befassen wir uns also zuerst mit den verschiedenen Kategorien von Flecken.

Wasserlösliche Flecken

Oh Schreck, ein Fleck! Die Teekanne tropft beim Eingießen oder die Kaffeetasse steht im Fußbad und braune Flecken verunzieren schnell die schöne Tischdecke. Oder Zappelphilipps Limonade ergießt sich über den Tisch und dann auch noch auf Mutters Rock.

Entfernung

- Wie tröstlich, dass die meisten Flecken, die uns so erschrecken, wasserlöslich sind. Das bedeutet, dass ihre Entfernung relativ einfach sein sollte, wenn wir uns an bestimmte Regeln halten, schnell handeln und das mit einem Fleck „verzierte“ Material nicht ganz besonders empfindlich ist.

- Meistens lassen sich diese Flecken, wenn sie noch nicht eingetrocknet sind, durch normales Waschen entfernen.

- Wein-, Obst- und Fruchtsaftflecken gehören leider nicht in diese Kategorie und Teeflecken auch dann nicht mehr, wenn sie schon eingetrocknet sind.

Fett- und ölhaltige Flecken

Fett- und ölhaltige Flecken kommen kaum weniger häufig vor. Ihnen beizukommen ist schon etwas schwieriger. Im Haushalt sind es Speiseöle, Butter, Margarine und fettige Lebensmittel, welche die meisten Fettflecken verursachen. Nicht weniger ärgerlich sind die fett- und ölhaltigen Fleckenspuren auf der Kleidung und in der Umgebung von Bastlern, Heimwerkern und anderen Hobby-Aktivisten. Häufig handelt es sich um Schmierfette und Mineralöle.

Fettflecken gibt es aber nicht nur von Butter und Öl, sondern Fett ist beispielsweise auch in Schokolade und vielen zubereiteten Speisen enthalten.

Entfernung

- Fett lässt sich zwar am ehesten mit Alkohol, Spiritus und Benzin lösen, aber es gibt auch eine Reihe von einfachen Hausmitteln, mit denen man sein Glück erst einmal versuchen kann, bevor man zu den Chemiekeulen greift. Zumal die Gefahr besteht, neue Flecken oder Fleckenränder zu produzieren.

- Viele fett- und ölhaltige Flecken lassen sich schon durch eine entsprechende Vorbehandlung mit Gallseife und anschließendem normalen Waschen entfernen.

- Es ist immer richtig und wichtig, vor der Behandlung so viel wie möglich von dem möglicherweise oberflächlich noch vorhandenen Fettstoff aufzusaugen bzw. abzutupfen.

- Wenn fett- oder ölhaltige Substanzen Flecken in nicht besonders empfindlichen Textilien verursacht haben, empfiehlt es sich, diese sofort mit warmem Wasser und etwas Spülmittel auszuwaschen. Mit einem sauberen Tuch aus Stoff oder Papier kann man zusätzlich versuchen, Fett aus dem Gewebe herauszuholen.

- Fettflecken in Wolle kann man ziemlich gut mit kohlensäurehaltigem Mineralwasser auswaschen.

- Der Schrecken aller Schulkinder ist wohl der Fettfleck im Schulheft. Meistens hilft es, etwas Kartoffelmehl auf das Missgeschick zu streuen, und der Fleck verschwindet, aufgesaugt vom Kartoffel- oder Stärkemehl. Auch Talkumpuder als Fett aufsaugende Substanz ist generell zur ersten Behandlung von Fettflecken nicht nur auf Papier, sondern auch in Textilien und auf anderen Materialien zu empfehlen.

- Bevor man zum Spiritus greift, um fetthaltige Flecken aus einem Teppich zu entfernen, kann man es auch erst einmal mit Kölnisch Wasser versuchen. Sauberen Lappen gut mit dem Eau de Cologne tränken und mehr oder weniger kräftig reiben.

- Fett mit Fett zu bekämpfen, ist sinnvoll, wenn es sich um Flecken von Schmieröl handelt, insbesondere wenn sich diese in Textilien aus Baumwolle befinden und sich nach der Behandlung gut waschen lassen. Fleck mit Margarine einreiben, etwa eine halbe Stunde einziehen lassen und später mit möglichst hoher Waschtemperatur und einem guten Waschmittel in der Maschine waschen.

- Frische Wagenschmiere sollte sich mit Kernseife auswaschen lassen.

- Stärkere Verschmutzungen durch fett- oder ölhaltige Substanzen erfordern jedoch häufig den Einsatz von Fett lösenden und Fett aufweichenden Substanzen wie Glyzerin oder Vaseline und Fleckenwasser.

Eiweißhaltige Flecken

Eiweißhaltige Flecken sind eine Besonderheit und leider oft auch Problemfälle, da sie sich mit oder auch ohne unser Zutun so stark verändern können, dass ihre Entfernung so gut wie unmöglich wird.

Eiweiße, auch Proteine genannt, sind nicht nur in Eiern enthalten und in allen Produkten, die aus oder mit Eiern hergestellt sind, sondern auch im Blut von Menschen und Tieren und in allen Milchprodukten. Das Problem ist, dass Eiweiß gerinnen kann, was auch als Proteindenaturierung bezeichnet wird.

Ursachen der Proteindenaturierung können z. B. chemische Substanzen wie Säuren, Basen, Salze, Detergentien (Waschsubstanzen), aber vor allem auch höhere Temperaturen sowie UV-Strahlung sein.

Wird also ein eiweißhaltiger Fleck mit heißem Wasser behandelt oder der Sonne ausgesetzt, verändert sich die chemische Struktur der Proteine möglicherweise so, dass sich die Flecken nicht mehr oder kaum noch entfernen lassen.

! Deshalb dürfen eiweißhaltige Flecken auch nicht überbügelt und auf keinen Fall mit heißem oder sehr warmem Wasser behandelt werden. Für eine erfolgreiche Fleckenbehandlung kommt nur kaltes und lauwarmes Wasser in Betracht.

Entfernung

- Frisches Blut und frische Milch daher so schnell wie möglich mit kaltem Wasser ausreiben und auswaschen. Größere Flecken für einige Zeit in kaltes Wasser legen und später mit Kernseife auswaschen.

- Ältere Blutflecken sollte man zuerst großzügig mit Salz bestreuen und das Salz mit einem Tuch kräftig einreiben; später mit lauwarmem Seifenwasser ausspülen. Eventuell noch mit Gallseife nachbearbeiten.

- Um Blut aus Polstern und Teppichen zu entfernen, kann man eine Paste aus Kartoffelmehl und kaltem Wasser herstellen und den Fleck damit kräftig einreiben. Trocknen lassen und später von Hand ausbürsten oder mit der Saugbürste eines Staubsaugers behandeln.

- Bei Flecken aus reinem Eigelb ist schnelles Handeln nicht angesagt. Ohne Reiben sollte man, wenn es sich nicht um einen kleinen Fleck, sondern um ein ganzes Eigelb handelt, das versehentlich daneben gegangen ist, erst einmal vorsichtig das Eigelb oberflächlich zum Beispiel mit einem Löffel aufnehmen und den Rest eintrocknen lassen, bevor man ihn aus dem Stoff oder Teppich herauskratzt. Reste können später mit einer lauwarmen Kernseifenlösung ausgewaschen werden.

- Wer einen Hund oder eine Katze im Hause hat, hat bei frischen Flecken einen effizienten Helfer für die Vorbehandlung. Wenn ein Ei zu Boden geht, sich Sahne oder Soße auf den Teppich ergießt, ist der Vierbeiner mit seiner fleißigen Zunge ein unschätzbarer Helfer, der schon mal die gröbste Vorarbeit sorgfältig und freudig erledigt.

Flecken gemischten Ursprungs

Flecken gemischten Ursprungs kommen häufig aus der Küche, rühren also von Speisen und Lebensmitteln her. Oft enthalten solche kombinierten Flecken sowohl eiweißhaltige, ölige als auch wasserlösliche Komponenten. Entsprechend ist auch eine kombinierte Vorgehensweise angebracht.

Typische kombinierte Flecken entstehen durch Kaffee mit Sahne, Salatsoßen, die Joghurt oder Sahne enthalten, Bratensoßen, Schokolade und Süßspeisen.

Entfernung

- Hier ist es wichtig, in der richtigen Reihenfolge vorzugehen, nämlich immer zuerst mit reichlich Wasser oder Mineralwasser den wasserlöslichen Anteil am Fleck zu entfernen und danach mit den entsprechenden Mitteln den fett-, öl- oder eiweißhaltigen Rest zu behandeln. Denn bleibt ein Fett- oder Eiweiß-Bestandteil im Gewebe zurück, kann es später durch heißes Waschen oder Bügeln zu neuen hässlichen Flecken kommen.

Flecken durch Chemikalien

Flecken chemischen Ursprungs sind immer heikel. Man sollte vor allem sehr überlegt, aber auch so schnell wie möglich handeln. Dann kann es sein, dass man den Schaden erfolgreich beseitigen kann. Aber man muss auch wissen, dass es Flecken gibt, deren Behandlung einfach aussichtslos ist. Manchmal sind chemische Substanzen auch so aggressiv, dass sie nicht nur Verfärbungen und Flecken verursachen, sondern Originalfarben und Gewebe so nachhaltig angreifen und schädigen, dass es nichts mehr zu retten gibt.

! VORSICHT ist allemal geboten beim Umgang mit speziellen Haushaltsreinigern. Achten Sie immer auf eventuelle Hinweise, die vor Dämpfen, Verätzungen und ähnlichen Gefahren warnen. Sind ätzende Substanzen auf der Haut oder Gewebe bzw. unbeabsichtigt auf anderen Oberflächen als vorgesehen verschüttet worden, dann hilft nur die sofortige Behandlung mit viel Wasser, um weiteren Schaden zu verhindern.

Problematisch können auch Flecken von Kosmetika, Salben, Medikamenten, Selbstbräunern und Haarfärbemitteln sein. Entsprechende Behandlungsmethoden, sofern es solche gibt, werden ausführlich im Kapitel „Fleckenentfernung von A bis Z“ ab Seite 76 beschrieben.

Gerbstoffflecken

Dazu gehören die gefürchteten Flecken von Obst und Fruchtsäften. Für sie gilt, dass sie immer mit einer Säure behandelt werden sollten, am besten mit Zitronensäure.

Andere, häufig vorkommende und unangenehme Flecken von Gerbstoffen sind die von Kaffee, Rotwein, Bier, Tee und Tabak.

Der Schreck ist erst einmal groß, wenn das Rotweinglas umkippt, der Kaffee auf die Tischdecke oder das Bier auf die Hose schwappt. Tatsächlich gibt es einige einfache Hausmittel, die das erste Entsetzen nicht nur lindern, sondern auch erfolgreich das Malheur aus der Welt schaffen.

Entfernung

- Natürlich kann man auf den Rotweinfleck Weißwein gießen, wie oft in fröhlicher Runde vorgeschlagen wird. Das könnte rein theoretisch auch helfen, denn Säure ist ja mit Säure zu bekämpfen. Sicher ist die Sache aber nicht und vielleicht schade um den guten Weißwein, wenn nicht noch Schlimmeres dabei passiert. Besser ist es, den Fleck reichlich mit Salz zu bestreuen und später mit warmem Wasser auszuwaschen.
- Ist der Rotweinfleck erst einmal eingetrocknet, sollte man das Kleidungsstück oder die Tischdecke in heiße Milch tauchen und danach mit heißem Wasser auswaschen.

! Es ist natürlich vorher zu klären, wie heiß die Milch sein darf bzw. welche Temperatur der Stoff und ob er eine Milchbehandlung verträgt.

- Die Säure der Buttermilch kann man sich zunutze machen, um Obstflecken zu behandeln. Den Stoff mit dem Fleck bzw. den Fleckenbereich so lange in Buttermilch einweichen, bis die Milch dick geworden ist. Danach mit warmem Wasser ausspülen.
- Flecken von Kaffee, Tee und Tabak sind mit Borax bzw. Glyzerin zu behandeln. Leider lassen sich ältere Teeflecken kaum entfernen.

Farbflecken

Farbflecken entstehen nicht nur durch Hobby- und Malfarben oder Tinte, Tusche, Toner und beim Heimwerken, sondern werden auch immer wieder durch viele andere Stoffe, die stark farbhaltig sind, verursacht. Man denke nur an Gras, stark gefärbte Getränke, Blütenstaub, Beeren und Gemüse.

Entfernung

- Es bietet sich an, wenn die wasserlösliche Farbe nicht gerade aus dem Malkasten stammt, sondern von Lacken oder anderen Profi-Farben, zu handelsüblichen Lösungsmitteln oder anderen Spezialmitteln wie Verdünner oder Pinselreiniger zu greifen. Die sind leider häufig sehr aggressiv.

- Sehr oft können bei Farbflecken einfache und in jedem Haushalt vorhandene Produkte als Erste Hilfe erfolgreich in Aktion treten. So kann man versuchen, Obst- und Gemüseflecken aus Textilien zuerst vorsichtig mit Pflanzenöl und danach mit Zitronensaft auszureiben.

- Bei den gefürchteten Grasflecken stehen je nach verschmutztem Material verschiedene Hausmittel zur Verfügung. Sofern es sich um wollfreie Textilien handelt und Speck im Hause vorhanden ist, sollte man damit vorsichtig zuerst das Gewebe einreiben und später mit einer warmen Lösung aus Gallseife und Wasser auswaschen. Grasflecken auf Wolle sind meist einfacher zu entfernen und lassen sich oft mit lauwarmem Seifenwasser auswaschen.

- Erfreulich ist, dass die meisten Farben, mit denen Kinder hantieren, nicht nur giftfrei, sondern auch wasserlöslich sind, und sich daher nicht nur von Händen und Gesichtern leicht mit warmem Wasser und eventuell etwas Seife abwaschen, sondern sich auch genauso problemlos aus Textilien wieder entfernen lassen. Das gilt sogar für Wachsmalstifte.

- Als Erste Hilfe bei Tintenflecken, also solange sie noch frisch und nicht schon richtig eingetrocknet sind, ist Salz das Mittel der Wahl. Es wird gut in den noch feuchten Fleck eingerieben und der Tintenfleck sollte sich nach einiger Zeit mit warmem Wasser gut auswaschen lassen.

- Ist die Tinte jedoch schon richtig eingetrocknet, kann man versuchen, dem Fleck mit Buttermilch zu Leibe zu rücken. Einige Stunden in Buttermilch einweichen und dann mit warmem Wasser ausspülen.

- Auch wenn die Sache manchmal hoffnungslos erscheint, so schnell sollte man bei Farbflecken nicht aufgeben, sondern gezielte Behandlungen einige Male wiederholen. Schlimmstenfalls kann man immer noch zu einem chemischen Bleichmittel oder zum Entfärber greifen.

Hilfreiche Utensilien

Die meisten, für eine erfolgreiche Fleckenentfernung erforderlichen Hilfsmittel und Werkzeuge sind normalerweise in jedem Haushalt vorhanden. Fraglos steht dabei an erster Stelle eine Waschmaschine, die heutzutage in kaum einem Haushalt fehlt.

Es ist zu empfehlen, andere häufig gebrauchte Hilfsmittel für die Fleckenentfernung in einer Art Werkzeugkasten oder Erste-Hilfe-Box zusammen aufzubewahren, damit im Flecken-Notfall nicht kostbare Zeit durch langwieriges Zusammensuchen der notwendigen Utensilien vergeht. Besonders geeignet für die Lagerung der Utensilien ist eine nicht zu große Plastikschüssel, die ja ohnehin zum notwendigen Sortiment der Hilfsmittel gehört.

Gleiches gilt für alle eigenen Fleckenapotheken mit Spezialchemikalien, die man am besten zusammen in geeigneten und deutlich beschrifteten Flaschen und Dosen bzw. in ihren Originalbehältern an einem gemeinsamen Ort sicher vor Kindern und Missbrauch aufbewahren sollte. Selbst hergestellte Mischungen sind unbedingt ebenso deutlich zu beschriften und eventuell mit Warnhinweisen zu versehen. Dies gilt auch für eigene Bio-Kreationen und ökologische Mixturen.

Saubere weiße Lappen aus Baumwolle

sollte man immer griffbereit haben, denn man braucht sie häufig zum Unterlegen und Ausreiben. Solche Lappen kann man selbst einfach und kostenlos herstellen, indem man gewaschene, ausgediente, weiße oder helle Baumwoll-Unterwäsche, löchrige und ausgeleierte Baumwollsocken oder alte T-Shirts zu Lappen verschiedener Größe zerschneidet.

Weißes Baumwoll-Gewebe, das nicht fusselt, ist ideal zum Aufnehmen von Flüssigkeiten und zum Ausreiben von Flecken. Es färbt nicht ab und lässt sich später problemlos von Hand oder in der Waschmaschine wieder für den nächsten Gebrauch auswaschen. Da solche Lappen nichts kosten, kann man sie auch nach Gebrauch einfach wegwerfen, wenn eine weitere Verwendung nicht möglich ist oder nicht gewünscht wird.

Bürsten, z. B. Zahnbürsten

gibt es eigentlich in jedem Haushalt. Gebrauchte Zahnbürsten auf keinen Fall wegwerfen, denn alte Bürsten lassen sich für viele Zwecke im Hause verwenden. Gleiches gilt natürlich auch für alte Nagelbürsten.

Im Handel werden aber auch spezielle Fleckenbürsten angeboten. Die einmalige Anschaffung einer solchen Spezialbürste ist sicher sinnvoll. Das Ende des Griffs einer Fleckenbürste ist oft abgeflacht und kann daher als Spatel dienen, um Verschmutzungen ab- oder herauszukratzen.

Kleine Bürsten mit kurzen und dichten Borsten gibt es auch als Hilfsmittel zum Auftragen von Schuhcreme. Sie sind heute allerdings nicht mehr in jedem Haushalt zu finden. Sollte so eine ungebrauchte Bürste doch noch vorhanden sein, dann sollte man sie schnellstens dem Erste-Hilfe-Set gegen Flecken hinzufügen.

Eine etwas größere Scheuerbürste, die sich gut anfassen und großflächig handhaben lässt, gehört in jeden Haushalt.

Besonders Schaum oder schäumende Reinigungsmittel lassen sich mit einer nicht zu harten Bürste immer besser auftragen als mit einem Lappen. Von Vorteil sind Bürsten mit nicht zu harten Naturborsten gegenüber solchen mit meist sehr harten Plastikborsten. Der reinigende oder lösende Schaum gelangt beim Einreiben mit einer Bürste besser und nachhaltiger an die Fasern und mit einer weichen Zahnbürste auch besser begrenzt auf kleine Flächen oder an schwer zugängliche Stellen.

Plastikbehälter

unterschiedlicher Größe, oft ursprünglich für ganz andere Zwecke angeschafft, sind zur allgemeinen Reinigung und Pflege im Haushalt, speziell von Textilien unentbehrlich.

Wenn man größere Mengen Leitungswasser mit oder ohne Reinigungsmittel braucht, z. B. für Polster, Bodenbeläge und Ähnliches ist ein kleinerer Plastikeimer oft praktischer als ein großer Putzeimer. Man kann ihn nicht nur leichter überall hin mitnehmen, sondern auch Laugen und Lösungen in Wasser in kleineren Mengen gezielter herstellen.

Als ganz praktisch erweist sich auch ein Messbecher aus Plastik. Jedoch sollte man sich hüten, Putz- oder Reinigungsmittel in denselben Messbechern abzumessen, die auch für Lebensmittel benutzt werden. Behälter für Putzmittel gehören nicht zu oder in die Nähe von Kochutensilien.

Sammeln Sie ruhig ein paar Plastikbecher von Joghurt oder Quark und auch kleinere und mittlere Glasgefäße mit und ohne Schraubdeckel für einen späteren Einsatz. Auch für diese Behältersammlung gilt der bewährte Rat: Hilfs- und Reinigungsmittel immer schön an einem Ort, z. B. in einer größeren Plastikschüssel oder einem anderen Transportbehälter, für den Flecken-Notfall griffbereit zusammenzuhalten.

Flaschenkorken

aus Kork gibt es immer noch in Weinflaschen, auch wenn sie mehr und mehr durch andere korkenförmige Verschlüsse aus Kunststoff oder Glas abgelöst werden. Umso empfehlenswerter ist es, sich noch rechtzeitig eine kleine Sammlung von echten Flaschenkorken, also solchen aus Naturkork, anzulegen, denn ein durchgeschnittener Flaschenkorken eignet sich besonders gut zum Auftragen von Reinigungs- und Fleckenentfernungssubstanzen zum Beispiel auf glatten und harten Oberflächen. Korken lassen sich mit einem scharfen Messer in Hälften schneiden. Man verwendet am besten die frischen Schnittflächen.

Küchenkrepp und Toilettenpapier

sollte auf jeden Fall immer dann sofort zum Einsatz kommen, wenn es notwendig ist, verschüttete Flüssigkeiten oder breiiges Material möglichst sofort und mit dem Papier zusammen zu entsorgen. Das ist auf jeden Fall so bei Verschmutzungen durch Kot, Urin und Erbrochenes von Mensch und Tier, bevor man sich dann intensiver mit den durch solche Ausscheidungen entstandenen Flecken auf Teppichen, Polstern oder in anderen Textilien befasst.

Besteckteile

Alte, verbogene oder sonst wie nicht mehr brauchbare Besteckteile sollte man nicht einfach wegwerfen, sondern auch für den Flecken-Notfall aufbewahren. Ein alter Löffel oder ein beschädigtes Messer tun gute Dienste beim Aufnehmen und Abkratzen von Breien und ähnlichen dickflüssigen Substanzen, denn mit einem Löffel oder Messer kann man den größten Teil halbfester Stoffe schonend von Geweben entfernen, ohne sie dabei tiefer hineinzureiben.

Radiergummi

Ein sauberer, weicher Radiergummi entfernt nicht nur unerwünschte Striche und Malereien von Blei-, Bunt- und Kohlestiften von Papier, sondern ist auch ideal für die Behandlung von Flecken auf Leder, insbesondere Wild- und Rauleder. Für die Fleckenentfernung von Schuhen und Kleidung aus empfindlichem hellem Veloursleder werden zwar spezielle Fleckengummis angeboten, aber ein normaler heller Radiergummi leistet meist die gleichen Dienste.

Schleifpapier

Sehr feines Schleif- oder Sandpapier eignet sich besonders für Flecken auf festen bis harten Untergründen, von denen bedenkenlos eine obere Schicht mitsamt dem Fleck vorsichtig abgetragen werden kann. Je feiner die Körnung, desto besser. Manchmal empfiehlt es sich, das Schleifpapier etwas anzufeuchten oder auch richtig nass zu machen. Je gröber die Körnung, desto größer ist die Gefahr von Kratzern auf der Oberfläche.

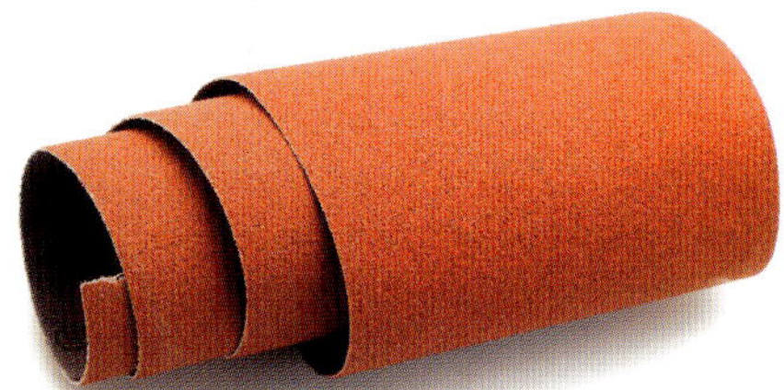

Kunststoffschwamm

Kunststoffschwämme und Schwammtücher sind enorm hilfreich zum schnellen Aufnehmen von größeren Mengen an Flüssigkeit, insbesondere von Teppichen und Polstern. Aber auch für die Fleckenbehandlung selbst sind sie unverzichtbar. Vor allem schäumende Reinigungsmittel lassen sich nach dem Einkneten in einen feuchten Schwamm außerordentlich wirksam einsetzen. Müssen Flecken nicht nur einmal, sondern mehrmals mit Wasser oder einer Reinigungsflüssigkeit behandelt werden, sind Schwämme einfach unverzichtbar, zumal sie den Vorteil haben, dass man sie zwischendurch immer wieder ausspülen und neu tränken kann.

Spatel

Spatel gibt es aus Holz, Kunststoff und Metall, hauptsächlich in Baumärkten, aber auch im Hobbybedarf. Sie werden zu ganz verschiedenen Zwecken von Hand- und Heimwerkern eingesetzt und eignen sich besonders gut zum Auf- und Abheben von mehr oder weniger festen Substanzen, die schon eine Verbindung mit dem Untergrund, auf dem sie sich befinden, eingegangen sind. Das gilt beispielsweise für Kaugummi, Knetmasse und Wachs. Je dünner die Schabkante des Spatels ist, desto besser kann man damit arbeiten, ohne Untergründe zu beschädigen.

Sprühflasche

Sprühflaschen sind im Allgemeinen Kunststoff-flaschen mit einer Pumpe und einem Sprühventil, die man zum Wäsche einfeuchten oder Besprühen von Pflanzen im Haushalt hat. Natürlich kann man auch eine leere Glasreiniger-Flasche nehmen, wenn ein Fleck nicht mit zu viel Wasser oder einer anderen Flüssigkeit vorsichtig, aber doch intensiv behandelt werden soll. Mehrfaches Einsprühen ist dann oft die richtige Lösung.

Stahlwolle bzw. Topfreiniger

aus Metall oder auch groben Kunststoffgespinsten eignen sich gut zum Entfernen von Flecken und Verkrustungen auf Metalloberflächen. Es gibt grobe und feine Stahlwolle, beispielsweise auch als verseifte Pads. Alle diese Mittel sollten zwar sehr vorsichtig eingesetzt werden, aber man muss auch feststellen, dass insbesondere die sogenannten Pads oftmals Kunststoffoberflächen erstaunlich schonend von Flecken und Verschmutzungen reinigen können.

Staubsauger

So weit es sich um trockenen Schmutz handelt, sind Staubsauger und Besen natürlich die ersten Helfer. Wenn alle losen Schmutzpartikel aufgesaugt oder weggefegt sind, kann man den noch verbliebenen Verschmutzungen und Flecken zu Leibe rücken, also mit der eigentlichen Fleckenbekämpfung beginnen.

Reinigungsmittel

Reinigungs- und andere Hilfsmittel

von Mutter Natur und aus dem Chemie-Labor

Essig und Salz

sind die Hauptdarsteller in der Bio-Fleckenapotheke und werden in ihrer Vielseitigkeit von keinem anderen Hausmittel oder Chemieprodukt übertroffen. Die bescheidenere, aber nicht weniger wichtige Rolle hat eindeutig das Salz.

Salz

Bei der Entfernung einer Reihe von Flecken kommt Salz zum Einsatz. Es genügt dafür einfaches Speisesalz ohne Zusätze.

- Salz hat sich besonders als Fleckenentferner von Rotwein ausgezeichnet bewährt.
- Auch bei der Beseitigung von Fettflecken leistet Salz gute Dienste.
- Kaltes Salzwasser ist eines der einfachsten Fleckenentfernungsmittel. Es entfernt zum Beispiel Bier- und frische Blutflecken.
- Löst man Salz in Weingeist auf, erhält man ein hervorragendes Fleckenwasser, das man auch längere Zeit für den nächsten Notfall gut verschlossen aufbewahren kann.
- Weitere Anwendungen werden bei den einzelnen Flecken von A bis Z beschrieben.

Essig

Essig oder genauer Essigsäure ist ein wahrer Tausendsassa im Kampf gegen viele Flecken und außerdem auch noch ein wirkungsvolles und universelles Putzmittel für viele andere Problemfälle im gesamten Haus, besonders in Bad und Küche.

Der Haushaltskasse tut es allemal gut, wenn man, statt teure Bio-Spezialprodukte zu kaufen, seinen „Essigreiniger“ selbst herstellt. Die meisten sogenannten Bio-Reiniger sind zwar umweltschonender, weil sie beispielsweise mit Essigsäure statt mit die Umwelt stark belastenden Chemikalien arbeiten, enthalten aber trotzdem oft noch überflüssige und belastende chemische Bestandteile wie grüne oder gelbe Farb- und künstliche Duftstoffe, um „Zitronenfrische“ vorzugaukeln. Mit Zitronen oder Zitronensäure hat das so gut wie gar nichts zu tun.

Billiger einfacher heller Haushaltsessig, konzentrierte Essigessenz und einfacher Apfelessig aus dem Supermarkt sind für die Verwendung in Putzmitteln und für die Fleckenentfernung ideal. Weniger geeignet sind stark farbige oder naturtrübe Essigsorten. Sie können schon mal Flecken auf Kleidung oder Teppichen hinterlassen.

Entfernung

- Generell gilt, dass man viele, wenn nicht gar die meisten Flecken mit Essig entfernen kann, ob es sich nun um Flecken in der Wäsche, auf Teppichen oder Polstern handelt.

- Manche Flecken in waschbaren Textilien widersetzen sich ohne Vorbehandlung jedem Waschmittel. Man kann natürlich auch zu geeigneten Chemikalien oder handelsüblichen Fleckenentfernern greifen, die aber oft sehr aggressiv gegen Material und Haut sind. Ein Versuch, mithilfe von Essig oder Essigwasser der Flecken Herr zu werden, lohnt sich immer. Bleibt der gewünschte Erfolg aus, kann man immer noch zu einem stärkeren und aggressiveren Mittel greifen.

- Flecken in waschbaren Textilien werden mit einer Essiglösung oder Essigessenz-Verdünnung behandelt, bevor man sie in die Waschmaschine steckt.

! Besondere Vorsicht ist geboten bei sehr feinen, empfindlichen Geweben wie zum Beispiel Seide und allen nicht farbechten Stoffen. Es besteht die Gefahr, dass Farben ausbleichen. Auf jeden Fall muss auch vor einer Behandlung mit Essig oder Apfelessig an unauffälliger Stelle geprüft werden, ob keine Verfärbungen, neue Flecken oder Ähnliches durch die Behandlung mit Essig oder Essigwasser entstehen.

Der Alleskönner Essig ist fast so etwas wie ein Mädchen für alles im Haushalt. Er taugt nicht nur als Fleckenentferner, sondern auch als Geruchskiller.

Geruchskiller

- Fisch ist gesund und gehört regelmäßig auf den Tisch. Wenn man sich aber scheut, ihn zuzubereiten, weil immer die ganze Wohnung danach riecht und man diesen Geruch nicht so rasch wieder loswird, dann sollte man Essig als wirksamen Geruchskiller bei der Fischzubereitung einsetzen. Am besten eignet sich dazu einfacher Apfelessig. Falls man Fisch dünsten möchte, gibt man einfach ein bis zwei Löffel Essig ins Kochwasser. Soll der Fisch gebraten werden, reibt man ihn vor dem Braten mit Essig ein. In beiden Fällen wird die Geruchsentwicklung gestoppt. Der Fisch schmeckt aber dennoch nicht nach Essig.

- Wenn man Zwiebeln geschält und zerkleinert hat, haftet der Zwiebelgeruch erfahrungsgemäß noch ziemlich lange an den Händen. Das muss nicht sein. Einfach einen Schuss Apfelessig über die Hände geben, verreiben, mit kaltem Wasser abspülen und der Geruch ist verschwunden. Ganz nebenbei wird der natürliche Säureschutzmantel der Haut stabilisiert.

- Gegen Zigarettengeruch kann man Essig ebenfalls einsetzen. Man stellt eine Schale mit Essig in den Raum, in dem geraucht wird oder geraucht wurde. Der Essig „fängt“ den Rauch ein. Man riecht schon bald nicht mehr, dass in dem Raum geraucht wurde.

- Eine große Schüssel Essig, die man schon während und noch einige Zeit nach Beendigung der Malerarbeiten aufstellt, hilft auch gegen Gerüche und Ausdünstungen von Farben bei Neuanstrichen. So entstehen auch keine Kopfschmerzen, die einen noch oft heimsuchen, nachdem der Maler längst gegangen ist.

Kalkentferner

- Besonders in Gegenden mit sehr hartem Wasser bilden sich ständig Kalkablagerungen auf Armaturen, in Wasserkochern, Wasserkesseln, Kaffeemaschinen und Dampfbügeleisen, wenn kein destilliertes Wasser verwendet wird. Armaturen in Küche und Bad wirken bald unansehnlich, wenn man den Kalkflecken nicht regelmäßig zu Leibe rückt. Kalkablagerungen in Heißwasserbereitern schränken die Funktion ein und sorgen für unnötig erhöhten Energieverbrauch.

- Essigsäure löst Kalkablagerungen wirksam und schnell auf. Man muss nicht extra einen teuren Entkalker kaufen, der oft auch nichts anderes als konzentrierte Zitronensäure enthält.

- Zum Entkalken von Kaffeemaschinen und Wasserkochern braucht man etwa einen halben Liter Essig, den man unverdünnt oder mit ganz wenig Wasser in die Geräte gibt und aufkochen lässt. Man lässt den Essig in der Kaffeemaschine zwei- bis dreimal durchlaufen bzw. im Wasserkocher einmal aufkochen und nach dem Erhitzen noch 45 Minuten lang einwirken. Wenn der Essig in der Kaffeemaschine oft genug erhitzt worden ist, muss man noch mindestens drei Kannen mit jeweils frischem Wasser durchlaufen lassen, bevor man wieder Kaffee zubereiten kann. Auch den Wasserkocher muss man mindestens dreimal neu mit Wasser befüllen, dies aufkochen lassen und dann wegschütten.

- Bei Tauchsiedern lassen sich Kalkablagerungen ähnlich entfernen: einmal Essig mit dem Sieder bis zum Kochen erhitzen, ihn dann 45 Minuten im heißen Essigwasser stehen lassen und danach dreimal frisches Wasser damit aufkochen, das man jedes Mal wegschüttet, wenn man es nicht praktischerweise zum Putzen verwendet.

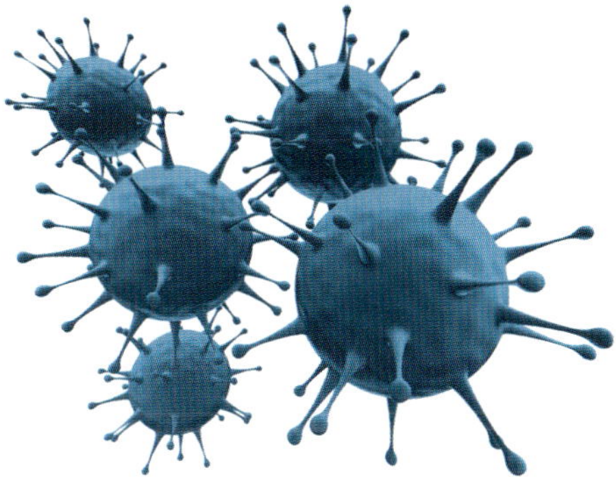

- Auch ein Dampfbügeleisen kann man mit Essig entkalken. Dazu füllt man einfach eine Mischung aus einem Teil Essig und einem Teil Wasser in den Wassertank des Bügeleisens und schaltet auf Dampf. Gebügelt wird jetzt nicht, sondern man lässt das Eisen eine Weile eingeschaltet stehen. Nach dem Abschalten des Bügeleisens bleibt die Mischung noch drei bis vier Stunden lang im Bügeleisen, bevor man den Wassertank entleert. Der Tank wird erneut mit Wasser gefüllt und mit dem nächsten Dampfbügeln sollten sich dann auch die letzten Kalkrückstände lösen.

- Kalkflecken von Armaturen lassen sich leicht mit einem Lappen, getränkt mit Essigwasser (halb Essig, halb Wasser) abwischen. Gleiches gilt für Kalkflecken auf Fliesen oder Edelstahlspülen. Verkalkte Düsen von Wasserhähnen oder Duschköpfe montiert man einfach ab und legt sie über Nacht in Essig.

! VORSICHT bei alten oder rustikalen neuen Armaturen! Denn Oberflächen, die Kupfer oder Messing enthalten oder daraus bestehen, darf man nie mit Essig reinigen oder in Verbindung bringen. Es können giftige Verbindungen entstehen.

Teppichreiniger

- Bevor man einen Teppich in die Reinigung bringt, lohnt es sich zu prüfen, ob man nicht mit einer Essigwasser-Behandlung genauso weit kommt. Selbst hartnäckige Flecken lassen sich oft so entfernen. Man mischt einen halben Liter Essig mit einem halben Liter Wasser, taucht ein Tuch in das Essigwasser und behandelt mit dieser Mischung den ganzen Teppich oder zumindest die Stellen, an denen sich Flecken befinden. Besonders hartnäckige Flecken muss man wahrscheinlich mehrmals behandeln.

- Da Essigsäure aber immer auch ein wenig aggressiv ist, sollte man sehr empfindliche Teppiche oder wertvolle Brücken besser nicht mit Essig oder Essigwasser säubern, sondern dafür lieber einen milden Spezialreiniger verwenden.

Bakterienkiller

- Essig wirkt der Bakterienbildung entgegen und ist daher ein probates Mittel im Kampf gegen Schimmelpilze. Sie dazu auch die Seiten 130–131 über Schimmel- und Stockflecken.

Fleckenapotheke von A bis Z

Aceton

Aceton ist ein farbloses flüchtiges Lösungsmittel, das zum Entfernen von Lacken, einigen Farben und Klebstoffen sowie frischem Isolier- oder Montageschaum aus Polyurethan geeignet ist. Alternativ kann man eventuell auch acetonhaltigen Nagellackentferner verwenden.

- Aceton kann einige Kunststoffe und Kunstfasern regelrecht auflösen, weshalb es möglich ist, frischen und noch nicht getrockneten Polyurethanschaum mit Aceton zu entfernen. Das bedeutet aber auch, dass man mit Aceton Schaden anrichten kann. Es sollte daher immer an verdeckter Stelle ausprobiert werden, ob das betroffene Material die Behandlung mit Aceton aushält.

! Aceton auf der Haut verursacht Trockenheit, weshalb man betroffene Stellen nach dem Kontakt mit Aceton etwas einfetten sollte. Aceton-Dämpfe sind gesundheitsschädlich. Das Einatmen größerer Mengen erzeugt Bronchialreizung, Müdigkeit und Kopfschmerz. Längere Arbeiten mit Aceton nur in gut durchlüfteten Räumen durchführen.

Erhältlich
- in Drogerien

Backpulver

Backpulver besteht meist aus Natriumhydrogencarbonat, das auch als Soda bezeichnet wird, und einem Säuerungsmittel, wobei es sich oft um Zitronen- oder Weinsäure handelt, manchmal auch um Weinstein. Vereinfacht: Backpulver besteht also praktisch aus Soda und einem sauren Salz, weshalb es sich in Verbindung mit Wasser hervorragend als Reinigungs- und Fleckenentfernungsmittel eignet. Trocken ist es auch ein wirkungsvolles Reinigungsmittel gegen Verfärbungen und oberflächliche Ablagerungen.

! TIPP: Bevor man den Wintermantel nur wegen des verschmutzten Kragens in die Chemische Reinigung bringt, kann man erst einmal versuchen, den Mantelkragen mit Backpulver zu bestreuen und nach einer längeren Einwirkzeit dann gründlich auszubürsten.

- Hartnäckige Fettflecken aus Textilien weichen, wenn man sie mit Backpulver bestreut und die Stelle dann mit Feuerzeug- oder Waschbenzin einfeuchtet. Nach dem Abtrocknen und Ausbürsten ist der Fleck meist verschwunden.

Bleichmittel

Bleichmittel werden eingesetzt, um unerwünschte Farbflecken und Vergilbungen aus der Wäsche zu entfernen. Bleichmittel wirken auch desinfizierend. Sie können empfindliche Farben angreifen, weshalb in Fein- und Buntwaschmitteln in der Regel keine Bleichmittel enthalten sind. Bleichmittel in Vollwaschmitteln werden meist erst bei höheren Temperaturen (z. B. über 40° C) voll wirksam.

- Chemische Grundlage des Bleichvorgangs bei allen modernen Bleichmitteln ist die Freisetzung von aggressivem atomarem Sauerstoff, der mit unerwünschten Farbflecken, aber leider auch mit empfindlichen Textilfarben eine Verbindung eingeht, was zwar zum Verschwinden von Flecken, jedoch auch zum Verblassen von Farben führt.

- In modernen Waschmitteln und auch in herkömmlichem Fleckensalz finden sich fast ausschließlich Bleichmittel auf Sauerstoffbasis, die Sauerstoff aus Wasserstoffperoxid freisetzen.

- Die früher häufig verwendeten Bleichmittel auf Chlorbasis (Chlorbleiche) sind wegen der starken Umweltbelastung nicht mehr zeitgemäß und werden in den meisten europäischen Ländern immer seltener benutzt.

Am umweltfreundlichsten dürfte die Sonnenbleiche sein. Feuchte Wäsche wird in der Sonne ausgebreitet. Durch die Sonneneinstrahlung entwickelt sich Wasserstoffperoxid, das Sauerstoffradikale freisetzt, die Farbstoffe zerstören, also genau das Gleiche bewirken wie moderne Bleichmittel.

Bohnenwasser

Ungesalzenes Kochwasser von weißen getrockneten Bohnen kann viele hartnäckige Flecken beseitigen, wie z. B. von Tinte und Rotwein. Es ist ein sanftes und vielseitiges Fleckenmittel, das auch bei besonders empfindlichen Textilien eingesetzt werden kann.

- Eine starke Verfilzung von Wollsachen kann man eventuell wieder rückgängig machen und das Kleidungsstück somit retten, indem man es eine Stunde in kaltes Bohnenwasser einweicht und danach gründlich mit kaltem Wasser ausspült. Liegend getrocknet, sind Wollsachen nach dieser Behandlung oft wieder wie vorher.

Borax

Im Haushalt findet Borax Anwendung in Seife, in Wasserenthärtern und als Perborat früher in Waschmitteln. Borax wird in Desinfektions-, Putz- und Bleichmitteln sowie in Insektiziden (bei Ameisenfallen) eingesetzt.

Borax ist ein überaus sanftes Mittel zum Reinigen und Fleckenentfernen. Da es kalkhaltiges, hartes Wasser in weiches verwandeln kann, findet es sogar in der Kosmetik Verwendung.

- Borax eignet sich nicht nur zur Fleckenentfernung. Es gibt zahlreiche andere Anwendungen für Borax in der Wäschepflege. Gegen das Einlaufen von Pullovern hilft es, wenn man dem lauwarmen Waschwasser etwas Borax hinzufügt.

- Borax im Einsprengwasser verleiht gebügelten Hemden und Blusen seidigen Glanz.

- Kaffee- und Gemüseflecken lassen sich mit einer Boraxlösung (eine Messerspitze Boraxpulver in 100 ml Wasser auflösen) meist erfolgreich behandeln.

Erhältlich
- in Drogerien
- im Chemie-Fachhandel

Butter

- Teerflecken an Händen und Füßen und auch auf anderen Oberflächen lassen sich mit Butter oder Margarine problemlos entfernen. Gleiches gilt für farbige Schuhcreme.
- Teer- und Schmierölflecken in Textilien und auf anderen Oberflächen werden dick mit Butter oder Margarine bestrichen. Wenn man das Fett eine Nacht hat einziehen lassen, kann man die Teerverschmutzung leicht abkratzen und den entstandenen Fettfleck entsprechend nachhaltig behandeln.

Brot

Fettfreies Weiß- und Graubrot eignet sich gut zum trockenen Ausreiben verschiedener Flecken, insbesondere auf Tapeten und von Wänden.

Buttermilch

- Die Säure der Buttermilch ist ein erprobtes und sanftes, dazu die Umwelt schonendes Mittel in der Fleckenentfernung. Selbst ältere Blaubeerflecken, über Nacht in Buttermilch mit Zitronensaft eingeweicht, verlieren ihren Schrecken und verschwinden.
- Wäschestockflecken verflüchtigen sich, wenn man sie 12 Stunden in Buttermilch legt, der man einen kräftigen Schuss Essig beigemischt hat.

Chlorbleiche

Chlorbleiche ist ein sehr aggressives chemisches Bleichmittel, das in Deutschland und anderen europäischen Ländern aus Gründen des Umweltschutzes kaum noch verwendet wird, dafür aber umso reichlicher in Spanien und den USA. In diesen Ländern haben einige Waschmaschinen sogar ein zusätzliches Fach für die Zugabe dieses Bleichmittels.

! Chlorbleiche ist zwar recht wirkungsvoll, wenn farbige Flecken aus weißen Textilien entfernt werden sollen, aber sie greift auch originale Textilfarben und Gewebestrukturen an, kann helle Flecken hinterlassen und unter Umständen sogar Löcher. Nachdem man vorher einen Test an verdeckter Stelle gemacht hat, bleicht man ohnedies am besten das ganze Wäschestück, um eine gleichmäßige Farbe zu erhalten und keine unerwünschten punktuellen Flecken.

- Ob ein Wäschestück gebleicht werden darf oder nicht, erkennt man an dem Dreieck auf dem Pflegeetikett. Ist dieses durchgestrichen, darf es nicht gebleicht werden. Steht in dem Dreieck ein „Cl“ ist der Einsatz von Chlorbleiche unbedenklich.

Erhältlich
- in Drogerien

Eiswürfel

Eiswürfel sind ideale Kälteschocker, entweder direkt oder in einem Plastikbeutel auf den Fleck. Gute Dienste leistet solche Eiseskälte bei der Entfernung von festgetretenem Kaugummi aus textilen Bodenbelägen, Polstern und Teppichen.

Entfärber

Bevor man zur Entfernung von sehr farbintensiven Flecken, beispielsweise von Tusche oder Jod, zum letzten Mittel greift, nämlich einem handelsüblichen Entfärber, kann man es auf jeden Fall noch einmal mit sanfteren Methoden versuchen, indem man das verfärbte Wäschestück für einige Stunden in Essigwasser oder Buttermilch legt.

! Wenn das alles nichts geholfen hat, dann sollte man sich vor dem Kauf eines Mittels zum Entfärben dessen Inhaltsstoffe etwas genauer anschauen. Entfärber enthalten oft die Schwefelverbindung Natriumdithionit, die auch bei vorschriftsmäßiger Anwendung in warmem Wasser unangenehm riechende Dämpfe entwickeln kann. Wenn erhältlich, wählt man besser einen Entfärber auf Percarbonat-Basis.

- Am besten behandelt man immer das komplette Wäschestück.

Enzyme

Als Enzyme werden bestimmte Eiweißstoffe bezeichnet, die diverse chemische Prozesse im Organismus beschleunigen oder überhaupt erst ermöglichen.

- Enzyme in Waschmitteln sind hoch wirksame Eiweißkörper. Sie sorgen für „Fleckenreinheit“, indem sie den Abbau bzw. die Auflösung organischer Verschmutzungen unterstützen. Sie bauen Schmutzstoffe durch Spaltung ab, mit denen die sogenannten „waschaktiven Substanzen“, die Tenside, allein nicht fertig werden. Da sich Enzyme dabei selbst nicht verändern, sondern nur als Helfer dienen, reichen schon geringe Mengen von ihnen im Waschmittel aus, um eine Wirkung zu erzielen. Es sind vor allem vier Enzymtypen, die den meisten Flecken, wenn sie noch nicht eingetrocknet sind, in der normalen Wäsche zu Leibe rücken.

- Abhängig von ihrer Wirkung unterscheidet man:
  - Amylasen: zum Abbau von Stärken, z. B. Kakao.
  - Proteasen: zum Abbau von Eiweiß, z. B. Blut.
  - Lipasen: zum Abbau von Fett, z. B. Öl, Butter.
  - Cellulasen, die abstehende Cellulosefasern vom Wäschestück entfernen und so die Leuchtkraft von Farben wieder erhöhen. Siehe dazu auch Waschmittel.

- Enzyme finden sich auch in Spül- und in einigen speziellen Fleckenentfernungsmitteln.

- Das älteste bekannte Enzymprodukt ist die Gallseife.

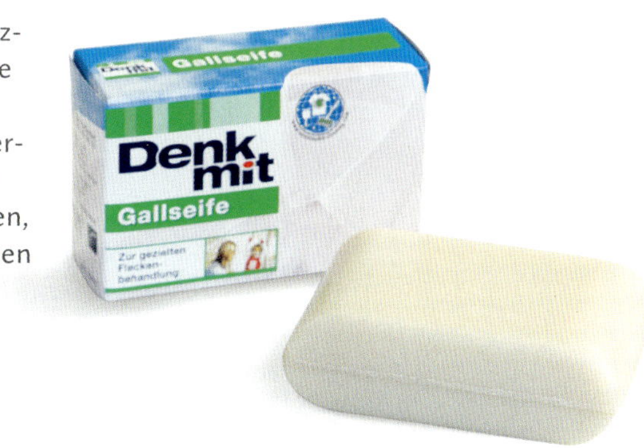

Essig

Essig ist im Allgemeinen als verdünnte Essigsäure im Handel oder in konzentrierter Form als sogenannte Essigessenz erhältlich.

- Essig ist als natürliches, Kalk lösendes und desinfizierendes Hilfs- und Putzmittel im Haushalt unentbehrlich. Weißer Haushaltsessig, einfacher Apfelessig oder Essigreiniger eignen sich zum Entkalken und Putzen.
- Die vielseitigen Anwendungsmöglichkeiten werden auf den Seiten 35–39 ausführlich beschrieben.

Ethanol/Ethylalkohol

Als Ethanol (auch Äthanol) und Ethylalkohol (Äthylalkohol) bezeichnet man vergällten Alkohol, der durch den Zusatz von Fuselölen ungenießbar gemacht worden ist. Es handelt sich um eine farblose, leicht entzündliche und stechend riechende Flüssigkeit, die man früher auch als Weingeist bezeichnet hat und heute Spiritus nennt.

- Diese Mittel werden hauptsächlich zur Fleckenentfernung aus nicht waschbaren Textilien eingesetzt.

! Der Alkohol kann aber Farben angreifen. Deshalb sollte man vor der Anwendung jedes Mal erst einen Test an verdeckter Stelle machen. Besondere Vorsicht ist immer auch bei Kunstfasern geboten. Empfehlenswert ist eine Verdünnung von zwei Teilen Wasser auf einen Teil Alkohol.

Fleckensalz

- Fleckensalze dienen zur Behandlung von stark verunreinigten Textilien, bei denen die Flecken mit herkömmlichen Waschmitteln nicht mehr zu entfernen sind. Außerdem hellt die Behandlung mit Fleckensalz vergilbte Weißwäsche auf. Es dient also einem ähnlichen Zweck wie früher die Rasen- bzw. Sonnenbleiche, bei der man feuchte Wäschestücke flach liegend in der Sonne bleichen lässt.

- Sie können als Waschkraftverstärker durch Zugabe zum Waschmittel bei besonders schmutziger und fleckiger Wäsche eingesetzt werden.

- Hauptbestandteil von Fleckensalzen sind meist Bleichmittel, die bereits bei niedrigen Temperaturen wirksam werden, während sie im Vollwaschmittel erst bei 60° C oder höheren Temperaturen wirken.

- Außerdem enthält Fleckensalz meist Enzyme in höheren Konzentrationen als Waschmittel. Auch sie dienen der intensiven Fleckenentfernung.

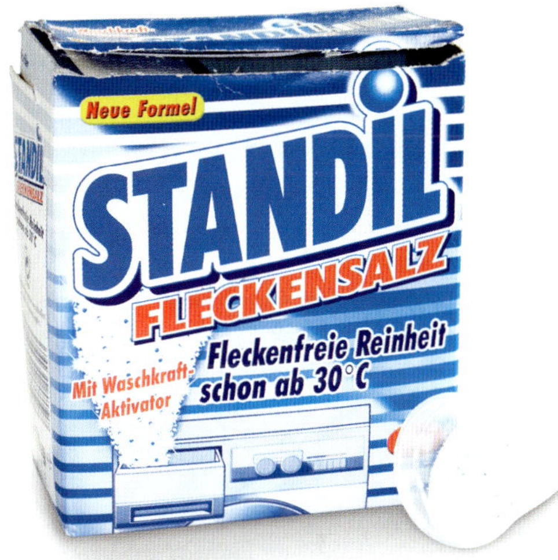

Fleckenwasser

Die im Handel erhältlichen Fleckenwasser enthalten je nach Hersteller unterschiedlich aggressive, flecklösende Inhaltsstoffe, aber immer einen hohen Anteil an sehr flüchtigen Lösungsmitteln, die man nicht einatmen sollte.

- Es ist sicher besser, statt eines solchen Fleckenwassers, das mal Erste Hilfe und auch mal letzte Hoffnung sein kann, erst einmal zu weniger scharfen Mitteln zu greifen, zum Bespiel zu Waschbenzin oder auch zu einem selbst gemachten Fleckenwasser, das man auch in einer gut verschlossenen kleinen Glasflasche auf Reisen mitnehmen kann. Man mischt dazu zwei Teile Wasser mit einem Teil Spiritus.

Gallseife

Gallseife ist nicht nur das älteste bekannte Enzymprodukt, sondern auch ein umweltfreundlicher Spezialreiniger für Polster, Teppiche und Textilien, da zu 99 % biologisch abbaubar. Sie besteht aus reiner Seife und tierischer Galle (meist Ochsengalle), welche die Aufgabe hat, Fett enzymatisch aufzuspalten und damit wasserlöslich zu machen.

- Die enorme Reinigungskraft der Gallseife leistet oft mehr als andere Reinigungs- oder chemische Fleckenmittel. Sie entfleckt, frischt Farben auf, desinfiziert und imprägniert in einem Arbeitsgang, bleicht nicht aus und hinterlässt auch keine Ringe oder Ränder.

- Gallseife gibt es im Handel in flüssiger Form, als Paste und als Seifenstück. Intensive Flecken reibt man mit flüssiger Gallseife oder -paste ein. Ein Gallseifen-Stück eignet sich besonders zur Herstellung von Schaum, mit dem sich Teppich- und Polsterflecken fast trocken behandeln lassen.

Glasreiniger

Handelsübliche Glas- und Oberflächen-Sprühreiniger enthalten neben anderen reinigungsaktiven Substanzen meistens Isopropanol.

- Nicht nur Glas- und Kunststoffoberflächen lassen sich damit gut und streifenfrei reinigen. Sie sind auch zur Fleckenentfernung aus Teppichen und Polstermöbeln geeignet. Fleck einsprühen und mit einem sauberen Tuch ausreiben.

Glyzerin

- Glyzerin weicht eingetrocknete und hartnäckige Flecken sowie verkrustete Verschmutzungen auf und entfernt Flecken auf die sanfte Art.
- Glyzerin kann Fett lösen und wird daher oft zur Behandlung von älteren und fetthaltigen Flecken eingesetzt. Wenn die Flecksubstanz aus dem Gewebe herausgelöst ist, darf man das Nachspülen mit Wasser nicht vergessen. Eine Alternative ist Vaseline.

Erhältlich
- in Drogerien
- in Apotheken

Haarspray

- Obwohl Haarspray nicht zu den klassischen Reinigungsmitteln gehört, lassen sich Kugelschreiberflecken auf Kunstfaserstoffen damit sehr gut entfernen.

Imprägnierspray

Auch Imprägnierspray gehört nicht in die Kategorie der klassischen Reinigungsmittel.

- Man besprüht damit Schuhe und Lederbekleidung vor dem ersten Tragen, um sie vor Wassertropfen und anderen Flecken zu schützen. Imprägnierspray enthält im Allgemeinen Perchlorethylen, das hauptsächlich in der chemischen Reinigung verwendet wird und Lösungsmittel für Fette, Öle, Bitumen, Teer, Wachse und Harze ist. Deshalb kann man versuchen, mit Imprägnierspray für Leder schwierige und unzugängliche Flecken von Wachs und Harz aufzulösen.

! Da sich bei großflächiger oder intensiver Anwendung giftige Dämpfe entwickeln können, wenn möglich im Freien oder nur in einem gut durchlüfteten Raum damit arbeiten.

Isopropanol/ Isopropylalkohol

Isopropanol wird auch als Isopropylalkohol bezeichnet. Es handelt sich um dasselbe Produkt, und zwar Alkohol, der sich in seiner chemischen Struktur zwar von Ethylalkohol bzw. Ethanol unterscheidet, aber ebenso flüchtig, leicht entzündlich und stark brennbar ist.

! Isopropanol ist kein besonders sanftes Mittel und sollte daher nicht als Erstes und überlegt eingesetzt werden. Siehe dazu auch Ethanol.

Erhältlich
- in Apotheken
- in Drogerien

Javelwasser

Javelwasser wird bezeichnet nach seinem ursprünglichen Herstellungsort, dem französischen Städtchen Javel (heute ein Teil von Paris).

- Es handelt sich um das erste chemische Bleichmittel, das nicht nur eine entfärbende, sondern auch Bakterien abtötende Wirkung hat, weshalb es auch anstatt Chlor zur Desinfektion in Schwimmbädern verwendet wird.

- Flecken von Selbstbräunern bzw. Bräunungscremes lassen sich außer mit Javelwasser nur sehr schwer entfernen.

- Es empfiehl sich, helle verfärbte Baumwoll- oder Leinentextilien vor dem Waschen in Javellauge zu legen.

Erhältlich
- in Drogerien

Kältespray

Wenn man Kälte- oder Vereisungsspray in der Hausapotheke oder im Erste-Hilfe-Kasten für Sportverletzungen hat, kann man es auch zur Fleckenentfernung einsetzen.

- Ein Kälteschock löst Fleckverklebungen von Kaugummi, Knetmasse oder Wachs auf.

Erhältlich
- in Apotheken

Kartoffeln

Rohe Kartoffeln waren fester Bestandteil von Großmutters Fleckenapotheke.

- Sie würde raten, Fettflecken in Seide mit einer halbierten rohen Kartoffel einzureiben, den Saft einwirken zu lassen, dann vorsichtig mit einer weichen Bürste auszubürsten und mit einem trockenen weißen Tuch auszureiben.

- Hässliche grüne Spinatflecken verschwinden, wenn man sie mit der Schnittfläche einer rohen Kartoffel ausreibt. Gleiches gilt für Jodflecken.

- Verfilzte Wollsocken legte die Großmutter über Nacht in einen Topf Wasser mit rohen geriebenen Kartoffeln. Das soll auch heute noch helfen.

Kernseife

- Wenn man versuchen möchte, frische Flecken, zum Beispiel von Wagenschmiere oder Eigelb, mit Seife und Wasser oder Polster und Teppiche nur mit Seifenschaum zu behandeln, eignet sich zur Herstellung des Reinigungsschaums ein Stück einfache Kernseife am besten, da diese weder Farb- noch Parfümstoffe enthält.

Kleesalz

Kleesalz ist ein im Waldsauerklee enthaltenes Kaliumsalz der Oxalsäure (auch Kleesäure genannt).

- Wässrige Lösungen von Kleesalz werden zur Entfernung von Rostflecken aller Art auf Textilien und anderen Oberflächen empfohlen.

Erhältlich
- in Bioläden
- in anderen Verkaufsstellen für umweltschonende Reinigungsmittel

Kölnisch Wasser

Einfaches Kölnisch Wasser enthält Alkohol, aber keine Farbstoffe wie die verschiedenen modernen Duftkreationen, die sich Eau de Cologne nennen. Zu Großmutters Grundausstattung gehörte immer ein Riechfläschchen mit Kölnisch Wasser, aber auch ein sauberes Stofftaschentuch.

- Etwas davon auf ein Tuch getropft, war und ist eine schnelle Fleckenhilfe gegen Fettflecken auf der Kleidung, aber auch bei Kugelschreiberflecken.

Kreide

- Einfache weiße Tafelkreide, in einem Mörser zu Pulver zerstoßen, eignet sich hervorragend zur Entfernung von Fettflecken, insbesondere auch aus Veloursleder. Das Kreidepulver auf dem Fleck verteilen, einziehen bzw. das Fett herausziehen lassen und später abbürsten oder absaugen.
- Fettflecken auf Seide und anderen sehr empfindlichen Stoffen lassen sich auch mit Schneiderkreide behandeln. Etwas Kreide vom Stück mit dem Messer abschaben, reichlich auf Fettspritzer oder Fettfleck streuen, das Fett herausziehen lassen und später sachte ausschütteln oder ausbürsten.

Milch

Mit normaler Trinkmilch, kalt, warm oder heiß, sowie saurer Milch und Buttermilch lassen sich viele Flecken behandeln oder vorbehandeln. Angefangen bei stark farbigen Flecken von Beeren und Gras bis zu Tintenflecken. Zahlreiche Anwendungshinweise finden Sie im Kapitel „Fleckenentfernung von A bis Z“ ab Seite 76.

Mineralwasser

- Mineralwasser ist das ideale Mittel zur schnellen Fleckenbehandlung mit Wasser bei Rotwein und Obstflecken.

- Kohlensäurehaltiges Mineralwasser hat eine stärkere Reinigungswirkung als normales Leitungswasser und ist das einzige und richtige Mittel, um schonend Fett aus Wolle zu entfernen, ohne Wollfasern zu beschädigen.

- Es enthält keinen Kalk und kann daher auch keine Kalkränder hinterlassen.

! VORSICHT ist allerdings doch bei empfindlichen Seidenstoffen geboten.

Nagellackentferner

Einige Nagellackentferner enthalten Aceton, andere nicht.

! Oft sind Nagellackentfernern Pflegestoffe wie z. B. Öl beigemischt. Man sollte sie daher nicht zur Entfernung von Flecken in Stoffen verwenden.

- Mit acetonhaltigem Nagellackentferner kann man notfalls Klebstoffreste von unempfindlichen Oberflächen ablösen.

- Flecken von Nagellack in Textilien entfernt man dagegen besser mit Aceton.

Oranex

Oranex ist ein biologisch-ökologisches Universal-Haushaltsmittel aus natürlichem Orangenöl mit ausgezeichnet Fett lösenden Orangenterpenen.

- Die Fettlösekraft von Orangen ist sogar besser als diejenige des gefährlichen Benzols oder anderer harter Chemiekeulen.

- Mit Oranex lassen sich viele Arten von Flecken, selbst hartnäckige, schonend entfernen: Fett-, Öl- und Teerflecken, Farb-, Wachs- und Harzreste, Schuhcreme und Kaugummi.

! Oranex wird nicht konzentriert, in der Regel leicht bis stark verdünnt, angewendet.

Erhältlich
- bei Spezialversendern
- in Bio- und Naturkostläden

Oxalsäure

! Oxalsäure ist in höherer Konzentration giftig, kommt in geringerer Konzentration aber auch in Lebensmitteln vor wie Tee, Rhabarber, Schokolade und Kakao.

! ACHTUNG: Oxalsäure ist sehr teuer!

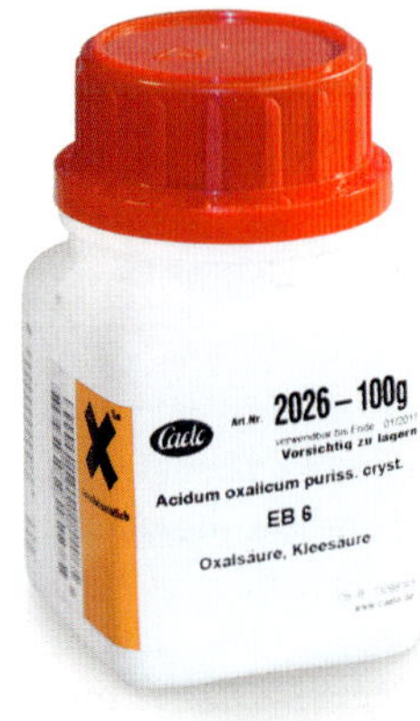

- Man verwendet Oxalsäure zur Entfernung von Rostflecken und als mildes Bleichmittel bei der Restaurierung von Möbeln sowie zur Entfernung von Tinten-, Wasser- und Rostflecken auf Holz.

- Alle im Handel erhältlichen Rostflecken-Spezialentferner enthalten Oxalsäure.

Erhältlich
- in Bioläden
- in anderen Verkaufsstellen für umweltschonende Reinigungsmittel
- in Apotheken

Salmiakgeist

Ammoniak, in Wasser gelöst, wird als Ammoniaklösung oder Ammoniakwasser oder auch als Hirschhorngeist, aber meistens im Alltagsgebrauch als Salmiakgeist bezeichnet, wobei die Konzentration des Ammoniak im Wasser meist knapp unter 10 % liegt.

! Es handelt sich um eine farblose, stechend riechende Flüssigkeit, die Haut und Atemwege reizt und deren Dämpfe nicht eingeatmet werden sollten.

- Wegen seiner leicht bleichenden Wirkung verwendet man Salmiakgeist oft zur Nachbearbeitung von besonders hartnäckigen Farbflecken.

- Stark verdünnter Salmiakgeist wird als Hausmittel zur Reinigung von Oberflächen im Haushalt genutzt, gilt aber auch als Geheimtipp, um Wespen abzuwehren. Wespen verabscheuen den typischen Ammoniakgeruch und meiden Orte, die so riechen.

- Salmiakgeist kommt auch bei leichtem bis mittelstarkem Schimmelbefall an Wänden zur Reinigung und Bekämpfung des Pilzes zum Einsatz.

Erhältlich
- in Drogerien

Spiritus

Spiritus ist Ethanol, also hochprozentiger vergällter Alkohol, der auch als Brennspiritus bezeichnet wird und häufig in sogenannten Stövchen beim Fondue Verwendung findet.

- Man kann ihn bei der Entfernung von zahlreichen Flecken einsetzen. Siehe dazu auch das Kapitel „Fleckenentfernung von A bis Z" ab Seite 76.

Soda

Als es noch keine elektrischen Waschmaschinen und moderne Waschmittel mit synthetischen Tensiden und Enzymen gab, musste Wäsche im Allgemeinen vor der sogenannten Hauptwäsche erst einmal gründlich in Waschsoda eingeweicht werden.

! Soda enthält Natriumcarbonat, das in Verbindung mit Wasser zu einer starken Lauge wird.

Erhältlich
- in Drogerien

Spülmittel

- Da Geschirrspülmittel zum Spülen von Hand immer Fett lösende Substanzen enthalten und meist im Haushalt vorhanden sind, bieten sie sich zur Ersten Hilfe beim Auswaschen von Fettflecken aus fast allen Textilien, Polstern und Teppichen in einer Mischung mit warmem Wasser an.

Stärkemehl

Stärke- oder Kartoffelmehl sind häufig in der Küche vorhanden.

- Beide Mehle haben eine ähnliche Konsistenz und sind wie Talkumpuder ein idealer Stoff, um Fett zu absorbieren, weshalb man fetthaltige Flecken in Textilien und auf Papier mit trockenem Stärke- oder Kartoffelmehl einpudert, damit sie das Fett aufsaugen. Später kann man dann das Mehl ausschütteln bzw. ausbürsten oder absaugen.

Talkum

Talkumpuder, auch als Talk bezeichnet, ist ein feines weißes mineralisches Pulver, das unter anderem häufig als Gleitmittel eingesetzt wird.

- Man kann fetthaltige Flecken mit Talkum erfolgreich entfernen, indem man das Talkumpuder darauf verteilt und abwartet, bis es das Fett vollkommen absorbiert hat. Siehe dazu auch die Anwendung von Stärke- und Kartoffelmehl.

Erhältlich
- in Drogerien

Tenside

Tenside sind der wichtigste Bestandteil aller Waschmittel und werden auch als Detergentien bezeichnet.

- Tenside verringern die Oberflächenspannung des Wassers und ermöglichen damit, Schmutz von den Wäschestücken abzulösen.

- Das wohl bekannteste Tensid ist die Seife, die aus tierischen und pflanzlichen Rohstoffen hergestellt wird, welche aber den Nachteil hat, dass hartes Wasser ihre Wirkung stark beeinträchtigt und sich Kalkseife bildet, die Wäschestücke grau und hart macht. Ein weiterer Nachteil von Seifen ist, dass sie stark alkalisch wirken und damit empfindliche Fasern wie z. B. Wolle schädigen können.

- In Waschmitteln sind heute ausschließlich synthetische Tenside enthalten, die nicht alkalisch wirken und weniger empfindlich auf kalkhaltiges Wasser reagieren.

- Es handelt sich hauptsächlich um folgende Tensidtypen:
  - Anionische Tenside: in Waschmitteln zur Ablösung von Schmutz.

  - Kationische Tenside: in Weichspülern und Wollwaschmitteln zur Verhinderung von elektrostatischer Aufladung.

  - Nichtionische Tenside: in Flüssigwasch- und Geschirrspülmitteln zur Ablösung von Schmutz, da sie besonders gut wasserlöslich sind.

Terpentin

Terpentin (auch als Balsamöl oder Kiefernöl bezeichnet) nennt man die frischen Harzausflüsse verschiedener Koniferen, besonders von Kiefern.

- Terpentinöl wird durch Destillation aus dem Terpentinharz gewonnen. Es ist ein sehr flüchtiges, Öl und Harz lösendes Mittel. In Wasser ist die Flüssigkeit unlöslich, kann jedoch in Öl, Alkohol und Salmiakgeist gelöst werden.

- Reines Terpentinöl ist teuer und wird unter anderem auch als Binde- und Verdünnungsmittel in der Ölmalerei verwendet.

- Für die Fleckenentfernung ist es nicht besonders geeignet, da es meist sehr hässliche Ränder hinterlässt.

! VORSICHT: Terpentin bzw. Terpentinöl ist gesundheitsschädlich und umweltgefährlich.

! Als Alternative zu Terpentin bietet sich Terpentinersatz an.

Erhältlich
- im Fachhandel für Künstlerbedarf
- in Baumärkten

Terpentinersatz

- Terpentinersatz ist stark lösungsmittelhaltig und somit sehr flüchtig und daher auch nicht weniger gesundheitsschädlich und umweltgefährlich als echtes Terpentinöl. Aber bei der Fleckenentfernung hat es den Vorteil, dass Terpentinersatz kaum Ränder hinterlässt.

! VORSICHT: Terpentinersatz nicht einatmen und bei der Arbeit für gute Durchlüftung sorgen.

Erhältlich
- im Fachhandel für Künstlerbedarf
- in Baumärkten

Testbenzin

Testbenzin ist eine spezielle Art von Benzin, das als Verdünnungs- und Lösungsmittel verwendet wird.

- Es ist in zahlreichen lösungsmittelhaltigen Produkten wie Klebstoffen, Farben, Lacken und Holzschutzmitteln enthalten.
- Testbenzin kann auch Hauptbestandteil von Universal- oder Kunstharzverdünnung sein.

! VORSICHT: Bei der Arbeit mit Testbenzin ist allergrößte Vorsicht geboten, denn es ist nicht nur gesundheits- und umweltschädlich, sondern auch noch leicht entzündlich.

Erhältlich
- in Apotheken
- in Drogerien

Vaseline

Vaseline wird beim Menschen auf der Haut als Gleitmittel und Hautschutz gegen rissige Hände und spröde Lippen eingesetzt, in der Industrie als Schmierstoff mit Korrosionsschutz.

- Vaseline verhält sich gegenüber allen Werkstoffen chemisch neutral und hilft beim Herauslösen von alten, eingetrockneten, fetthaltigen Flecken sowie Verkrustungen aus dem Gewebe. Wenn Sie keine Vaseline zur Hand haben, können Sie auch als Alternative Glyzerin verwenden.

Verdünner

- Mit Verdünner oder Pinselreiniger lassen sich Flecken von Lacken, Ölfarben und einigen Klebstoffen entfernen.

! Die enthaltenen Lösungsmittel sind im Allgemeinen sehr flüchtig und gesundheitsschädlich.

! VORSICHT: Die bei der Arbeit mit Verdünnern auftretenden Dämpfe dürfen nicht eingeatmet werden. Bei der Behandlung größerer Bereiche muss immer für ausreichende Durchlüftung gesorgt werden.

Erhältlich
- im Farbenfachhandel
- in Baumärkten
- in Drogerien

Waschbenzin

- Waschbenzin ist eine spezielle Art von Benzin, das als Fleckenentfernungsmittel für fetthaltige Verunreinigungen verwendet wird.
- Je nach Material kann eine Fleckbehandlung mit Waschbenzin allerdings auch unschöne Ränder hinterlassen, weshalb es zu empfehlen ist, das Wäschestück anschließend gleich zu waschen oder den Fleckenrand mit Seifenlauge oder einem milden Fleckenwasser nachzubehandeln.

! VORSICHT: Bei der Arbeit mit Waschbenzin ist allergrößte Vorsicht geboten, denn es ist nicht nur gesundheits- und umweltschädlich, sondern auch noch leicht entzündlich.

Erhältlich
- in Apotheken
- in Drogerien

Waschmittel

Waschmittel dienen zum Waschen. Sie enthalten unterschiedliche Bestandteile, die auch unterschiedlich wirken:

- Außer Tensiden und Enzymen, die in fast allen Waschmitteln enthalten sind, gibt es eine Reihe anderer Zusatzstoffe in den verschiedenen Waschmitteln mit unterschiedlicher Wirkungsabsicht.

- Vergrauungsinhibitoren binden den Schmutz und verhindern die Wiederablagerung auf der Wäsche. Sie sind in allen Waschmitteln enthalten.

- Bleichmittel zerstören unerwünschte Verfärbungen. Es gibt sie nicht in Bunt- und Feinwaschmitteln.

- Bleichaktivatoren lassen Bleichmittel bereits bei niedrigen Temperaturen wirken.

- Optische Aufheller lassen weiße Wäsche noch weißer erscheinen und befinden sich natürlich nicht in Bunt- und Feinwaschmitteln.

- Verfärbungsinhibitoren sind oft Bestandteil von Waschmitteln für Bunt- und Feinwäsche und sollen Verfärbungen beim Waschen verhindern.

- Enthärter sollen das Wasser enthärten und Kalkablagerungen in der Maschine und auf der Wäsche verhindern. Sie sind Bestandteil fast aller Waschmittel, auch wenn sie nicht immer gebraucht werden.

- Duftstoffe dienen der Geruchsverbesserung und finden sich hauptsächlich in Weichspülern, aber auch in den meisten Waschmitteln.

! Vollwaschmittel enthalten alle genannten Bestandteile. Bei Feinwaschmitteln werden weniger aggressive Komponenten eingesetzt. Baukastenwaschmittel erlauben die Zugabe nur der Bestandteile, die tatsächlich für den jeweiligen Waschgang benötigt werden, und enthalten dann oft weniger überflüssige und die Umwelt schädigende Zusätze.

Erhältlich
- Voll-, Fein- und Spezialwaschmittel in Super- und Drogeriemärkten
- Baukastenwaschmittel in Bio- und Umweltschutzläden

Wasserstoffperoxid

- Dreiprozentiges Wasserstoffperoxid ist ein Wundreinigungs- und Desinfektionsmittel, das unter anderem auch in der Fleckenentfernung als Bleichmittel eingesetzt werden kann.

- Die im Handel erhältlichen Lösungen werden unverdünnt verwendet.

! Nach dem Kauf bald verwenden, denn es verliert schnell an Wirkung.

Erhältlich
- in Apotheken
- in Drogerien

Weingeist

Weingeist ist eine andere Bezeichnung für vergällten Alkohol. Siehe auch Ethanol und Spiritus.

Zitronensaft

- Zitronensaft von frischen Zitronen oder im Handel erhältlicher Zitronensaft kann überall dort eingesetzt werden, wo man im Haushalt und insbesondere zur Fleckenentfernung Essig verwenden würde, zum Beispiel als natürliches Entkalkungsmittel für Kaffeemaschinen und desinfizierendes und Geruch beseitigendes Reinigungsmittel für Kühlschränke.

Biologische Alternativen

Gegen fast jeden Fleck gibt es ein sanftes, die Umwelt und Gesundheit schonendes Mittel. So ist es eigentlich meist nicht nötig, auf die zahlreich angebotenen Fleckenmittel zurückzugreifen, die oft nicht nur der Umwelt, sondern auch der eigenen Gesundheit schaden.

Als umweltverträglich anzusehen sind

- Essig
- Salz
- Zitronensäure
- Spiritus
- Scheuermittel

sowie die aus diesen Grundstoffen hergestellten Reinigungsmittel, wenn sie nicht unnötigerweise Konservierungs- und Duftstoffe enthalten:

- Allzweckreiniger
- Essigreiniger
- Zitronenreiniger
- Geschirrspülmittel
- Fenster- und Oberflächenreiniger
- Scheuermittel

Allzweckreiniger

sind für einen sauberen und gepflegten Haushalt unentbehrlich. Beim Kauf sollte man sich aber die Angaben zu den verwendeten Inhaltsstoffen des Reinigers immer genau ansehen und auf Reiniger, die mit „Zitronenfrische“ werben, aber außer der auf dem Etikett abgebildeten Zitrone nichts mit der Frucht zu tun haben, eher verzichten.

Essigreiniger und Zitronenreiniger

können als umweltfreundliche Reinigungsmitel für die meisten Putzarbeiten verwendet werden, soweit sie tatsächlich Essig- oder Zitronensäure und keine anderen, die Umwelt belastenden Stoffe enthalten. Vorsicht ist aber bei Oberflächen geboten, die säureempfindlich sind wie zum Beispiel Messing und Marmor.

Geschirrspülmittel

enthalten oft hautschonende rückfettende Substanzen. Wenn man allerdings besonders fettiges Geschirr von Hand zu spülen hat, dann empfiehlt es sich, dem Spülwasser zusätzlich Essig beizugeben und nach dem Spülen die Hände gut einzucremen oder bei der Arbeit Gummihandschuhe zu tragen.

Fenster- und Oberflächenreiniger

enthalten im Allgemeinen Spiritus, der zwar einen ganz eigenen Geruch hat, aber in der in diesen Reinigern enthaltenen Konzentration weder umwelt- noch gesundheitsschädlich ist.

Scheuermittel

sind als Scheuerpulver oder Scheuermilch erhältlich. Sie enthalten neben Reinigungsmineralien wie Kalk, Kreide, Bims oder Talkum oft noch Seife, Soda, Duftstoffe und andere, die Wirkung steigernde Zusätze. Scheuermittel eignen sich generell für die Reinigung von Oberflächen aus Glas, Stein, Emaille, Sanitärkeramik, Fliesen und mattem Metall. Es gibt aber auch Scheuerpulver ohne zusätzliche Reinigungsmittel wie Wiener Kalk.

Bio-Reinigungs- und Fleckenmittel selbst gemacht

Oranex

ist ein umweltfreundliches Universal-Haushaltsmittel aus Orangenöl, das bei Spezialversendern sowie in Bio- und Naturkostläden erhältlich ist.

Die Hauptbestandteile von Oranex bilden kalt gepresstes und destilliertes Orangenöl mit den ausgezeichnet Fett lösenden Orangenterpenen. Hinzu kommen Isopropylalkohol und waschaktive Substanzen (Tenside) sowie ein aus Rizinusöl gewonnener, hervorragend abbaubarer Emulgator.

- Die Fettlösekraft von Orangenöl ist besser als die des Benzols oder von anderen chemischen Lösungsmitteln oder Benzin. Außerdem wirkt es mild desinfizierend und kann unangenehme Gerüche binden.

Fleckenentferner

Mit Oranex lassen sich viele Arten von Flecken (auch als hartnäckig bekannte) schonend entfernen, z. B. Fett-, Öl- und Teerflecken, Farbreste, Wachse, Harze, Schuhcreme, Kaugummi und Verkrustungen.

- In der Regel wird Oranex zur Fleckenentfernung verdünnt angewendet, je nach Fleckenart oder zu behandelnder Oberfläche im Verhältnis 1:10 bis 1:500. Bei lackierten und empfindlichen Oberflächen sollte das Verdünnungsverhältnis wenigstens 1:50 betragen. Hinweise für die Herstellung von Oranex-Verdünnungen auf der Packung unbedingt beachten.

- Zur Entfernung von Flecken aus Textilien die dafür vorgeschriebene Verdünnung mit Wasser herstellen und diese auf den zu entfernenden Fleck aufträufeln, einwirken lassen und später mit Wasser ausspülen oder waschen.

- Bei Flecken auf dem Fußboden oder an abwaschbaren Wänden kann man Oranex auch gleich ins Putzwasser geben. Bei Verdünnungen bis zu 1:200 ist die Verwendung von Gummihandschuhen empfehlenswert, da stark konzentriertes Oranex-Gemisch die Haut entfettet.

- Bei Flecken von Teer, Wachs, Harzen und Schuhcreme kann die Anwendung von unverdünntem Oranex notwendig sein.

Toiletten- und Badreiniger

Oranex wird im Allgemeinen nicht konzentriert verwendet, sondern im Verhältnis 1:100 mit destilliertem Wasser gemischt:

- 10 ml Oranex gemischt mit 1000 ml (1 Liter) destilliertem Wasser.
- Diese Emulsion wird in eine Pumpsprühflasche gefüllt. Sie ist sehr ergiebig. Zur Reinigung in Bädern und Toiletten auf die zu behandelnden Flächen aufsprühen und mit einem feuchten Lappen abreiben.
- Zur Reinigung und/oder Geruchsbindung kann man Oranex auch unverdünnt in das Toilettenbecken geben und einwirken lassen.

Teppich- und Polsterreiniger

Wie bei der Fleckenbehandlung von allen Textilien ist auch hier eine Probe auf Farbechtheit angebracht, bevor man anfängt, sichtbare Stellen zu behandeln.

- Eine Verdünnung von 1:100, also 10 ml Oranex mit 1000 ml (1Liter) destilliertem Wasser, mischen, in eine Sprühflasche füllen und die Polster- bzw. Teppichoberfläche damit einsprühen, bis sie leicht angefeuchtet ist. Dann mit einem rauen Lappen oder Frotteehandtüchern gründlich abreiben. Die Handtücher können später in der Waschmaschine gewaschen werden. Bei hartnäckigen Flecken die Prozedur wiederholen. Bei größeren Flächen für gute Belüftung sorgen oder im Freien arbeiten.

Großmutters Hausmittel

waren schon immer und sind es bis heute: echte Bio-Reiniger

Essigwasser

Zum Entfernen von Kalkflecken, zum Auffrischen von Farben und für viele Anwendungen in der Fleckenentfernung mischen Sie:

- 1 Teil Wasser
- 1 Teil Essig.

Das Essigwasser ist sofort gebrauchsfertig.

Essigreiniger

- 1 Teil Essigessenz
- 1 Teil Geschirrspülmittel
- 1 Teil Wasser

Mit einem Messbecher oder einer Tasse gleiche Mengen abmessen, in eine Plastikflasche (eventuell mit Pumpzerstäuber) füllen, gut durchschütteln und dann einige Tage stehen lassen, bevor man den Essigreiniger wie gewohnt verwendet.

Fleckenwasser

- 2 Teile Wasser
- 1 Teil Spiritus

vermischen, in eine saubere (wenn möglich braune) Glasflasche mit Schraubverschluss füllen und deutlich beschriften. Wenn man keine dunkle Glasflasche zur Hand hat, dann sollte man für einen dunklen Aufbewahrungsort sorgen, der sich auf jeden Fall außerhalb der Reichweite von Kindern befindet.

Möbelpolitur

- 1 Teil neutrales Pflanzenöl (z. B. Mais- oder Sonnenblumenöl)
- 1 Teil einfacher Rotwein

vermischen und in eine saubere (wenn möglich braune) Glasflasche füllen. Wenn man keine dunkle Glasflasche zur Hand hat, sollte man für einen dunklen Aufbewahrungsort sorgen.

Fleckenpulver

aus Kreide gegen Fettflecken

Weiße Tafelkreide in einem Mörser zu Pulver zerstoßen oder Schneiderkreide zu Pulver schaben.

Textilien

Flecken auf Textilien

Wer Flecken von Textilien entfernen will, sollte sich möglichst nicht nur über die Art des Flecks und seine Entstehung Gewissheit verschaffen, sondern auch wissen, um welche Art von Stoff es sich handelt, auf dem sich der Fleck befindet.

Nicht alle Fasern vertragen die gleiche Behandlung – auch nicht bei der Fleckenentfernung.

Die Materialien unserer Wäsche und Kleidung haben sich im Vergleich zu früher verändert. Den mehr oder weniger widerstandsfähigen Stoffen und Geweben früherer Zeiten konnte man auch mit entsprechend robusten Reinigungsverfahren gegenübertreten.

Heutzutage – im Zeitalter der Kunstfaserproduktion, der Faserhochveredelung und der Mischgewebe – stellen wir an unsere Wäsche höhere Ansprüche, was Tragekomfort und brillante Farben angeht. Die Kleidungsstücke dürfen nicht einlaufen und sollen natürlich auch pflegeleicht sein. Diese moderne Wäsche verlangt aber auch eine moderne, sanfte Pflege. Genauso wichtig ist die richtige Pflege für die empfindlichen Naturfasern Wolle und Seide und die etwas weniger empfindlichen wie Baumwolle und Leinen.

Unwissenheit kann Pannen verursachen, die vermeidbar sind, wenn man weiß, was mit einem bestimmten Wäschestück in Sachen Waschen, Reinigen und Fleckenentfernen geht und was nicht.

Alle Wäsche- und Kleidungsstücke enthalten – meistens als eingenähte Etiketten – die wichtigsten Hinweise für ihre Pflege. Man sollte allerdings die Bedeutung der normierten Pflegesymbole für Textilien kennen. Eine Übersicht findet sich auf der gegenüberliegenden Seite.

Pflegesymbole für Textilien

WASCHEN (Waschbottich)

Symbol: 95	95	60	60	40	40	40	30	30	30		
Normalwaschgang	Schonwaschgang	Normalwaschgang	Schonwaschgang	Normalwaschgang	Schonwaschgang	Spezialschonwaschgang	Normalwaschgang	Schonwaschgang	Spezialschonwaschgang	Handwäsche	Nicht waschen

Die Zahlen im Waschbottich entsprechen den maximalen Waschtemperaturen, die nicht überschritten werden dürfen. Der Balken unterhalb des Waschbottichs verlangt nach einer (mechanisch) milderen Behandlung (Schonwaschgang). Er kennzeichnet Waschzyklen, die sich zum Beispiel für pflegeleichte und mechanisch empfindliche Artikel eignen. Der doppelte Balken kennzeichnet Waschzyklen mit weiter minimierter Mechanik, z. B. für Wolle.

BLEICHEN (Dreieck)

Chlor- und Sauerstoffbleiche zulässig	Nur Sauerstoffbleiche zulässig/ keine Chlorbleiche	Nicht bleichen

TUMBLER-TROCKNUNG (Trockentrommel)

Trocknen mit normaler thermischer Beanspruchung	Trocknen mit reduzierter thermischer Beanspruchung	Trocknen im Tumbler nicht möglich

Die Punkte kennzeichnen die Trocknungsstufen der Tumbler (Wäschetrockner).

BÜGELN (Bügeleisen)

Heiß bügeln	Mäßig heiß bügeln	Nicht heiß bügeln Vorsicht beim Bügeln mit Dampf	Nicht bügeln

Die Punkte kennzeichnen die Temperaturbereiche der Regelbügeleisen.

PROFESSIONELLE TEXTILPFLEGE (Reinigungstrommel)

P	P	F	F	
				Keine Chemischreinigung möglich

Die Buchstaben sind für den Chemischreiniger bestimmt. Sie geben einen Hinweis auf die infrage kommenden Lösemittel.
Der Balken unterhalb des Kreises verlangt bei der Reinigung nach einer Beschränkung der mechanischen Beanspruchung, der Feuchtigkeitszugabe und/oder der Temperatur.

W	W	W	
			Keine Nassreinigung möglich

Dieses Symbol kann Artikel kennzeichnen, die im Nassreinigungsverfahren behandelt werden können. Es wird als zweite Zeile unter dem Symbol für die Chemischreinigung angebracht.
Die Balken unterhalb des Kreises verlangen bei der Nassreinigung nach einer Beschränkung der mechanischen Beanspruchung (siehe Waschen).

Textilfibel

Pflanzliche Naturfasern – Cellulosefasern

Baumwolle

- Eigenschaften:
  Leichtes, kompaktes Gewebe; besitzt natürliche Steifheit; fühlt sich warm, weich und seidig an; erträgt sehr hohe Temperaturen beim Waschen und Bügeln

- Waschbarkeit:
  Weiße, kochechte Stoffe (Waschtemperatur bis 95° C) sind wenig heikel für die Fleckenentfernung; Ausbleichen ist möglich

Leinen

- Eigenschaften:
  Frischer, hochwertiger, meist schwerer als Baumwolle, aber nicht steif; glänzt nicht, ist reißfest und unelastisch; Knitterneigung

- Waschbarkeit:
  Wie Baumwolle; farbiges, waschbares Leinen verlangt mildere Mittel; Bleichen führt zu Farbverlusten

Tierische Naturfasern – Cellulosefasern

Wolle

- Eigenschaften:
  Wolle/Haare mit unterschiedlichen Eigenschaften; Fleckenentfernung heikel

- Waschbarkeit:
  Eingeschränkt möglich (kalt bis 40° C); nicht reiben, nicht auswringen, nicht direkt bügeln, gegebenenfalls feuchtes Tuch auflegen

Natürliche Polymere – Regeneratfasern

Viskose

- Eigenschaften:
  Seidiger Glanz; färbt nicht ab; nimmt viel Feuchtigkeit auf; trocknet schlecht; leicht zu bügeln

- Waschbarkeit:
  Empfindlicher als Baumwolle, wenn waschbar, dann bis 60° C; kürzere Schonwaschgänge; manchmal nur chemische Reinigung möglich

Azetat

- Eigenschaften:
  Verblasst nicht, verträgt Sonne und Bleichmittel; läuft nicht ein und ist formstabil

- Waschbarkeit:
  Empfindlich, Feinwäsche 30 bis max. 40° C, nicht schleudern; Pflegehinweise beachten, chemische Reinigung nicht empfohlen; nicht direkt bügeln, gegebenenfalls feuchtes Tuch auflegen

Seide

- Eigenschaften:
  Fühlt sich warm und weich an; verträgt keine radikale Behandlung

- Waschbarkeit:
  Kalt bis 40° C; keine Bleichmittel; feucht bügeln auf der Rückseite

Polymere – Synthesefasern

Polyamid (PA), Nylon

- Eigenschaften:
  Läuft nicht ein, verfilzt nicht, verträgt Sonne und chemische Lösungsmittel; Pflegehinweise beachten

- Waschbarkeit:
  Empfindlich, in lauwarmem Wasser von Hand waschen oder Feinwäsche in der Waschmaschine bis 30° C; gut ausspülen, nicht bügeln; Pflegehinweise beachten

Polyester (PE), Diolen®, Trevira®

- Eigenschaften:
  Leiert nicht aus; nimmt kaum Wasser auf

- Waschbarkeit:
  Empfindlich, in lauwarmem Wasser von Hand waschen oder Feinwäsche in der Waschmaschine bis 30° C; gut ausspülen, nicht bügeln; Pflegehinweise beachten

Polyacryl (PAC), Dralon®, Dolan®, Orlan®

- Eigenschaften:
  Wollartig, warm, weich und knitterarm

- Waschbarkeit:
  Hitzeempfindlich, in lauwarmem Wasser von Hand waschen oder Feinwäsche in der Waschmaschine bis 30° C; gut ausspülen, nicht bügeln; Pflegehinweise beachten

Polivinylchlorid (PVC), Rhovyl®, Thermovyl®

- Eigenschaften:
  Läuft nicht ein, verfilzt nicht, verträgt Sonne und chemische Lösungsmittel; Pflegehinweise beachten

- Waschbarkeit:
  Empfindlich, in lauwarmem Wasser von Hand waschen oder Feinwäsche in der Waschmaschine bis 30° C; gut ausspülen, nicht bügeln; Pflegehinweise beachten

Elastan (PUE), Dorlastan®, Lycra®

- Eigenschaften:
  Leicht, glatt, weich; geringe Feuchtigkeitsaufnahme, keine statische Aufladung, keine Pillbildung

- Waschbarkeit:
  Empfindlich, in lauwarmem Wasser von Hand waschen oder Feinwäsche in der Waschmaschine bis 30° C; gut ausspülen, nicht bügeln; Pflegehinweise beachten

Hochveredelte Textilien

Mischgewebe aus Natur- und Synthesefasern

(Wolle + Polyacryl; Baumwolle + Polyester)

- Eigenschaften:
  Formstabiler und farbbrillanter als die reinen Naturfasern; mehr Haltbarkeit und höherer Tragekomfort

- Waschbarkeit:
  Pflegeleicht, da meistens maschinenwaschbar; Pflegehinweise beachten

Pflegeleicht ausgerüstete Naturfasern

Baumwolle

- Eigenschaften:
  Knitterarm, schmutz- und wasserabweisend

- Waschbarkeit:
  Pflegeleicht, da meistens maschinenwaschbar; Pflegehinweise und empfohlene Waschtemperatur beachten

Wolle

- Eigenschaften:
  Nicht filzend

- Waschbarkeit:
  Pflegeleicht, da meistens maschinenwaschbar; Pflegehinweise und empfohlene Waschtemperatur beachten

Veränderte Synthesefaserstruktur

(Modal- und Mikrofasern)

- Eigenschaften:
  Ideal als Funktionstextilien für Sportbekleidung; farbstabil, atmungsaktiv und besonders haltbar

- Waschbarkeit:
  Pflegeleicht, da immer maschinenwaschbar; Pflegehinweise und empfohlene Waschtemperatur beachten

Membrantextilien

(Gore Tex® und Sympatex®)

- Eigenschaften:
  Ideal als Sport- und Wetterbekleidung, da durch eingearbeitete Membran wasserdicht; lässt nur Wasserdampf durch und daher atmungsaktiv

- Waschbarkeit:
  Pflegeleicht, da meistens maschinenwaschbar; Pflegehinweise und empfohlene Waschtemperatur beachten

ABC

Fleckenentfernung von A bis Z

Flecken von A bis Z

auf waschbaren und nicht waschbaren Textilien aller Art, Teppichen und Polstern

Schmutz ist Materie am falschen Ort. Er kann auf Wäschestücken, Teppichen und Polstern großflächig und gleichmäßig verteilt sein, lokal eng begrenzt oder auch als kleine punktuelle Flecken vorkommen.

Flecken sind entweder wasserlöslich oder nicht wasserlöslich. Einige Flecken lassen sich herauswaschen, andere nicht.

Die Übergänge zwischen den einzelnen Schmutztypen sind fließend.

Eine wichtige Rolle bei der Wahl der jeweils geeigneten Methode zur Fleckenentfernung spielt auch die Frage: Wie ist der Schmutz auf der Wäsche oder anderen Textilien fixiert:

- mechanisch auf der Faseroberfläche aufliegend oder zwischen den Fasern festgehalten.
- durch chemische Bindungen an die Faser gebunden.

Die Textilfibel (siehe Seite 72–75) enthält wissenswerte Informationen zu den bekannten Naturfasern wie Baumwolle, Leinen, Wolle und Seide, aber auch zu allen synthetischen und Mischgeweben.

Beispielsweise haftet fettig-öliger Schmutz auf Synthesefasern oft besonders fest, weil das Fasermaterial, also der Stoff, Wasser abweisend ausgerüstet ist.

Das folgende Flecken-ABC enthält für die verschiedenen Flecken oft mehrere und unterschiedlich sanfte Vorschläge zur Behandlung. Man sollte immer mit der sanftesten und ökologisch unbedenklichsten Methode beginnen, bevor man zur nächst stärkeren und am Ende dann zur chemischen Keule greift.

Flecken-ABC

Acrylfarbe
chemisch und Farbe

Entfernung
- schwierig bis unmöglich

Acrylfarben und andere lösungsmittelhaltige Farben und Lacke gehören in die Kategorie der äußerst schwierig zu entfernenden chemischen Flecken.

Hier kommt man mit Haushaltsmitteln nicht sehr weit. Oft kann man den Schaden wirklich nur begrenzen. Angesagt ist in jedem Fall schnelles Handeln.

- Bei frischen Flecken die vertropfte oder verschüttete Farbe sofort mit Küchenkrepp oder einem alten Lappen so weit wie möglich aufnehmen, ohne dabei den Fleck zu vergrößern. Mann kann versuchen, den Rest mit Spiritus zu entfernen.

- Bei bereits eingetrockneten Flecken hilft nur noch ein spezielles Lösungsmittel für Acrylfarben aus dem Bau- oder Hobbymarkt oder ein Pinselreiniger. Mit einem getränkten Lappen sehr vorsichtig von innen nach außen reiben.

Auberginen
Organische Farbstoffe

Entfernung
- ziemlich einfach

- Wie für alle Gemüseflecken gilt auch hier: mit viel kaltem Wasser möglichst sofort auswaschen. Danach mit Gallseife vorbehandeln und wie gewohnt waschen.

Babynahrung

Gemischt

Entfernung
- ziemlich einfach

- Babynahrung enthält glücklicherweise wenig Fett und lässt sich meistens schon mit reichlich kaltem Wasser ganz gut auswaschen. Mit Gallseife vorbehandelt, schafft die Waschmaschine dann meistens den Rest.

- Von Teppichen und Polstern möglichst schnell und so viel wie möglich vorsichtig mit einem Löffel aufnehmen und entfernen. Sichtbare Flecken von außen nach innen mit einem sauberen Baumwolltuch und etwas Seifenlauge nachbearbeiten. Trocknen lassen und Prozedur eventuell wiederholen.

Beeren

Gerbstoffe/Farbe

Entfernung
- unterschiedlich schwierig

Beerenflecken, egal von welchem Obst sie stammen, sind meist sehr farbintensiv. Manchmal muss man einfach verschiedene Methoden ausprobieren, bevor man Erfolg hat.

- Oft hilft es schon, den Fleck großzügig in Buttermilch einzuweichen und nach längerer Einwirkzeit das Textil dann warm auszuwaschen.

- Eine andere Methode ist, den oder die Flecken mit Pflanzenöl zu beträufeln und danach das Öl mit Zitronensaft wieder auszureiben. Weitere Tipps finden Sie unter dem Begriff „Obst“.

Bier

Gerbstoffe

Entfernung
- meistens einfach

- Frische Flecken in Textilien lassen sich normalerweise von Hand oder in der Waschmaschine auswaschen.

- Alte Bierflecken zuerst mit Glyzerin einweichen, dann mit warmem, verdünntem Essig einreiben und danach sofort von Hand oder in der Maschine waschen.

- Bei Teppichen und Polstern ähnlich verfahren, jedoch nach der Anwendung von Glyzerin und warmem Essigwasser mit einer Feinwaschlauge weiterbehandeln.

Bleistift

Farbe

Entfernung
- meistens einfach

- Mit einem weichen und sauberen Radiergummi lassen sich Bleistiftstriche meistens problemlos von Papierflächen, und dazu gehören auch Tapeten, entfernen. Gleiches gilt für Holz, Kunststoff, Lampenschirme und ähnliche Oberflächen. Diese kann man, falls notwendig, zusätzlich mit einer milden Seifenlauge, Waschbenzin oder Spiritus nachbehandeln.

- Auch bei Bleistiftspuren auf Textil-, Leder- und Polsteroberflächen ist es ratsam, es zuerst einmal mit einem Radiergummi zu probieren, bevor man zu Gallseife oder Salmiakgeist greift.

Blut

Eiweißhaltig

Entfernung

- frisch: einfach
- alt: eher schwierig

! VORSICHT: Niemals Blutflecken von fremden Personen ohne schützende Plastikhandschuhe, z. B. aus dem Auto-Verbandskasten, bearbeiten.

! WICHTIG: Niemals Blutflecken mit heißem Wasser oder Essig bearbeiten.

- Frische Blutflecken auf waschbaren Textilien sofort in kaltem Wasser einweichen. Die Flecken lassen sich dann meistens problemlos ausreiben. Beschleunigen kann man den Einweichvorgang mit Eiswürfeln, die man auf dem Blutfleck schmelzen lässt, oder durch die Zugabe von reichlich Salz ins Einweichwasser. Größere Flecken längere Zeit in Salzwasser einweichen und anschließend mit einem enzymhaltigen Waschmittel waschen.

- Empfehlenswert ist auch der Einsatz von kohlensäurehaltigem Mineralwasser zum Ausspülen frischer Blutflecken.

- Alte und eingetrocknete Blutflecken erst ausgiebig mit Salz bedecken und mit einem Tuch in den Fleck reiben, danach mit lauwarmem Seifenwasser ausspülen. Wenn das nicht reicht, kann man die Flecken, vorausgesetzt der verfleckte Stoff verträgt eine solche Behandlung, vorsichtig in einer Mischung aus Wasserstoffperoxid und etwas Salmiakgeist einweichen und anschließend waschen.

- Braun verfärben sich Blutflecken immer dann, wenn sie vor einer heißen Wäsche oder gar dem Mangeln oder Bügeln nicht entdeckt wurden. Da Blut Eisen enthält, haben solche alten Blutflecken nach einer unbeabsichtigten Wärmebehandlung die gleichen Eigenschaften wie Rostflecken und müssen daher auch wie solche behandelt werden.

Blütenstaub

Organische Farbstoffe

Entfernung
- nicht immer einfach

- Manche Blütenstaubflecken sind sehr hartnäckig und farbintensiv. Besonders unangenehm sind die Spuren, welche die Staubgefäße von Lilien auf Tischtüchern und Kleidern oder auch auf der Wand hinterlassen. Diesen Flecken ist häufig nur äußerst schwer oder gar nicht beizukommen.

- Für Textilien gilt: Zunächst so viel wie möglich abschütteln. Danach den Fleck vorsichtig mit Spiritus behandeln und dann mit warmem Wasser nachspülen. In der nachfolgenden Wäsche sollte der Fleck ganz verschwunden sein. Gelingt aber nicht immer ganz oder sofort.

- Blütenstaubspuren auf Wänden und Tapeten kann man gut mit einem Stück Weißbrot oder weichem Radiergummi versuchen zu entfernen.

Bohnerwachs

Fett- und ölhaltig

Entfernung
- ziemlich einfach

- Bohnerwachs findet in modernen privaten Haushalten heutzutage kaum noch Verwendung, aber immer noch in der professionellen Pflege großer öffentlicher Bodenflächen, insbesondere in älteren Gebäuden. Folglich finden sich Flecken von Bohnerwachs hauptsächlich in Arbeitskleidung.

- Legen Sie die betroffenen Stellen zwischen zwei Lagen Löschpapier und bügeln Sie dann ausgiebig die Stelle mit einem heißen Bügeleisen, bis so viel wie möglich von dem Fett aus dem Stoff in das Papier gewandert ist. Falls kein Löschpapier vorhanden ist, kann man die Prozedur auch mit saugkräftigem Küchen- oder Toilettenpapier durchführen. Die Flecken anschließend mit Waschbenzin oder mit Fleckenwasser weiterbehandeln.

Bratensoße

Gemischt/Fetthaltig

Entfernung
- einfach

! Schnell handeln und möglichst nicht eintrocknen lassen.

- Mit warmem Seifenwasser auswaschen. Sollten Fettflecken zurückbleiben, sind diese entsprechend zu behandeln. Weitere Tipps dazu finden Sie unter dem Begriff Fett.

- Soßenflecken in nicht waschbaren Textilien wie Polstern und Teppichen kann man mit einer Mischung aus einem Teil Terpentinöl und zwei Teilen Zitronensaft behandeln.

Buntstift

Farben

Entfernung
- einfach

- Buntstiftflecken auf Textilien verschwinden meistens in der Maschinen- oder Handwäsche. Sicherheitshalber eventuell mit Spiritus vorbehandeln und erst danach auswaschen.

- Striche oder Flecken von Buntstiften auf Polstermöbeln und Teppichen können mit einem mit Waschbenzin oder Fleckenwasser getränkten Lappen bearbeitet werden.

Butter

Fett- und ölhaltig

Entfernung
- einfach

- Fettflecken in Textilien, insbesondere solche von Butter oder Margarine, sollte man zuerst einmal mit konzentriertem flüssigem Wasch- oder Spülmittel beträufeln und danach mit warmem Wasser auswaschen. Wenn noch Reste von Flecken vorhanden und sichtbar sind, waschbare Textilien vor der Hand- oder Maschinenwäsche mit Gallseife vorbehandeln.

- Hartnäckige Fettflecken kann man versuchen, mit Backpulver zu bestreuen und die Fläche dann mit Waschbenzin einzuweichen. Nach dem Trocknen ausbürsten.

- Zur Entfernung von Butterflecken auf Polstermöbeln und Teppichen einen Lappen mit Waschbenzin oder Fleckenwasser tränken und vorsichtig bis kräftig von außen nach innen ausreiben.

Cola

Gemischt/Zuckerhaltig

Entfernung
- ziemlich einfach

- Frische Cola-Flecken lassen sich im Allgemeinen problemlos durch normales Waschen entfernen.

- Ältere Flecken sollte man vorher in etwas enzymhaltige Waschlauge einweichen.

! Dies gilt nicht für Wolle. Da Wolle nicht mit Enzymen behandelt werden darf, sind Wollwaschmittel auch nicht enzymhaltig. Cola-Flecken aus Wolle wäscht man am besten ohne Seife oder Waschmittel erst einmal mit Mineralwasser heraus.

Creme

Gemischt/Fetthaltig

Entfernung
- meistens einfach

- Empfehlenswert ist es, den Fleck erst einmal mit Spiritus zu behandeln.

- Enthält die Creme viel Fett, so können fettige Restflecken verbleiben, die man am besten mit Fleckenwasser behandelt. Textilien danach wie gewohnt waschen.

Deodorant

Gemischt

Entfernung
- meistens einfach

- Zum Entfernen von Deo-Flecken aus hellen Hemden, Blusen und T-Shirts genügt es meistens, das Kleidungsstück wie üblich zu waschen.

- Flecken auf dunkleren Textilien kann man vor der normalen Wäsche eventuell mit stark verdünntem Essigwasser (farblos) behandeln.

! Immer nur lauwarmes, niemals heißes Wasser für die Vorbehandlung verwenden.

Druckerschwärze

Farbe/Lösungs- und bindemittelhaltig

Entfernung
- meistens einfach

- Während sich schwarze Finger nach dem Zeitunglesen problemlos mit Wasser und Seife reinigen lassen, kann Druckerschwärze auf Textilien hartnäckige Flecken verursachen, die man am besten mit weißer Zahnpasta behandelt. Fleckbereich zuerst etwas anfeuchten, dann mit Zahnpasta bestreichen und einreiben. Eine Zeit einwirken und trocknen lassen, später ausbürsten.

Ei

Eiweiß- und fetthaltig

Entfernung
- meistens problemlos

! REGEL NUMMER EINS: Niemals mit heißem Wasser behandeln, da das Eiweiß sonst gerinnt und sich anschließend kaum oder gar nicht mehr entfernen lässt.

- Überschüssiges Eiweiß und Eigelb mit einem Löffel aufnehmen und dann die Eiflecken möglichst sofort mit kaltem Wasser gründlich ausspülen.
- Um Flecken von rohen Eiern aus Teppichen und Polstermöbeln zu entfernen, kann man auch eine warme Seifenlauge mit etwas Salmiakgeist mischen und mit einem sauberen Tuch vorsichtig die Flecken herausreiben. Für eine feuchte Behandlung bietet sich auch kaltes Salzwasser an.
- Reine Eigelbflecken in waschbaren Textilien kann man mit viel Salz bestreuen, trocknen lassen und danach ausbürsten. Mit kaltem oder lauwarmem Wasser nachbehandeln und danach wie gewohnt waschen.
- Reine Eiklar- oder Eiweißflecken niemals antrocknen lassen, sondern falls erforderlich sogar feucht halten, z. B. mit einem nassen Lappen. Das Eiweiß mit viel kaltem Wasser ausspülen.

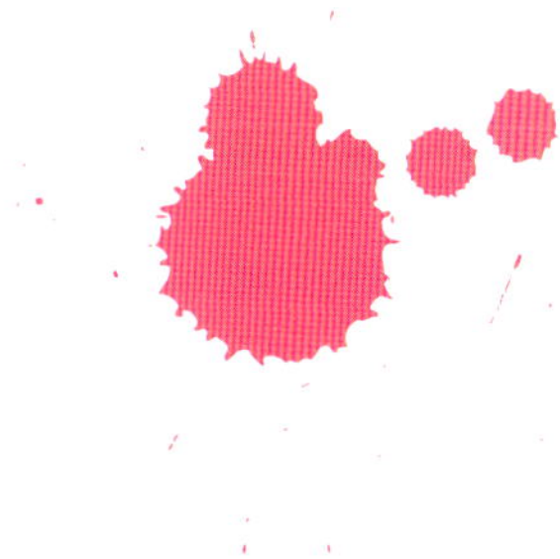

Eiscreme

Gemischt

Entfernung
- gut möglich

- Flecken von Eiscreme in Textilien sofort mit viel kaltem Wasser auswaschen. Vor der gewohnten Wäsche eventuell in einer Lauge aus Pulverwaschmittel (enzymhaltig) einige Zeit einweichen.
- Flecken in nicht waschbaren Textilien wie Teppichen und Polstern mit Seifenlauge und Salmiakgeist behandeln und mit klarem warmem Wasser nachreinigen. Wenn noch Restflecken vorhanden sind, kann man Fleckenwasser zu Hilfe nehmen.

Eiter

Eiweißhaltig

Entfernung
- gut möglich

Da Eiter wie Blut viel Eiweiß enthält, sind frische Eiterflecken ähnlich wie Blutflecken zu behandeln.

- Das heißt also: Eiterflecken aus Textilien zuerst mit viel kaltem Wasser ausspülen. Danach mit einem enzymhaltigen Vollwaschmittel waschen, das Eiweiß aus Textilfasern herauslösen kann.
- Eingetrocknete Flecken in kaltem Wasser, dem man etwas Salmiakgeist zusetzen kann, einweichen und dann wie frische Flecken behandeln und waschen.

! WICHTIG: Wie beim Umgang mit Blutflecken kann auch bei Eiterflecken die Verwendung von Schutzhandschuhen ratsam sein.

Emulsionsfarbe

Farbe

Entfernung
- gut möglich

- Frische Farbe sofort mit einem saugfähigen Lappen oder Küchenkrepp aufnehmen und mit kaltem Wasser ausspülen.
- Bereits angetrocknete Farbflecken mit Spiritus oder Verdünner für Emulsionsfarbe bearbeiten.

Erbrochenes

Körperausscheidung

Entfernung
- meistens einfach

- Durch Erbrochenes verunreinigte Textilien zuerst von Hand ohne Einweichen mit einem Feinwaschmittel kalt auswaschen und danach in der Maschine mit dem für das Textil geeigneten enzymhaltigen Pulverwaschmittel und der üblichen Temperatur waschen.

- Erbrochenes von Tieren und Menschen von Polstern und Teppichen zu entfernen, kostet manchmal einige Überwindung, aber auch hier sollte schnell gehandelt werden und soweit möglich mit Papier oder alten Lappen so viel wie möglich aufgenommen werden.

- Bereits eingetrocknete Flecken lassen sich auf die gleiche Art behandeln, sollten aber nach dem Ausspülen mit reichlich kaltem Wasser in einer Feinwaschlauge, der etwas Salmiakgeist (ca. zwei Esslöffel pro Liter) zugefügt wird, für einige Zeit eingeweicht werden. Vor der Weiterbehandlung durch Waschen in der Waschmaschine oder von Hand mit einem enzymhaltigen Waschmittel mit kaltem Wasser gründlich ausspülen.

- Größere Flecken auf Polstern und Teppichen werden am besten mit warmer Seifenlauge oder einer Boraxlösung ausgewaschen. Wenn dann noch Reste von Flecken zu sehen sind, muss eventuell Fleckenwasser zum Einsatz kommen.

Erde

Wasserlöslich

Entfernung
- leicht

- Trockenen groben Schmutz oberflächlich je nach Konsistenz durch Bürsten oder Kratzen entfernen.

! Bei der Entfernung von feuchtem Schmutz aufpassen, dass die Verunreinigung nicht noch tiefer ins Gewebe gerieben wird.

- Normalerweise bedarf ein erdiger Schmutzfleck keiner besonderen Behandlung, sondern lässt sich problemlos von Hand oder in der Maschine auswaschen. Dies gilt sogar für stark farbige Lehm- und Tonerden.

Farbe

Chemisch oder organisch

Entfernung
- unterschiedlich schwierig

- Farbstoffflecken immer zuerst mit Fleckenwasser behandeln. Am besten ein helles sauberes Baumwolltuch mit dem Fleckenwasser gut tränken und den Fleck so lange bearbeiten, bis keine Farbe mehr abgegeben wird.

- Flecken von gelbem Farbstoff können anschließend mit einer 50:50-Mischung aus Spiritus und Wasser, der ein Schuss Essig zugesetzt wurde, weiterbehandelt werden.

- Flecken von rotem Farbstoff anschließend mit einer Mischung aus vier Esslöffeln Salmiakgeist auf einen halben Liter Seifenlauge nachbehandeln. Am besten wird der Farbstofffleck etwa 30 Minuten in dieser Lauge eingeweicht.

- Wenn dann noch Restflecken vorhanden sind, kann man es mit Entfärber oder einem handelsüblichen Bleichmittel versuchen.

Fett

Öl- und fetthaltig

Entfernung

- meistens einfach

Fettflecken in Textilien verschwinden meistens ganz einfach durch Waschen. Sicherheitshalber sollte man aber vor der normalen Wäsche die Stelle mit unverdünntem Flüssigwasch- oder Spülmittel behandeln oder mit Gallseife einreiben. Sollte das nicht helfen, dann gibt es eine Reihe von anderen Methoden, um Fettflecken aus Textilien zu entfernen.

- Man kann einen Brei aus Kartoffel- oder Roggenmehl und Wasser herstellen, auftragen und nach dem Trocknen ausbürsten.

- Kleinere Flecken kann man auch mit Backpulver bestreuen und etwas Waschbenzin darüberträufeln. Trocknen lassen und ausbürsten.

- Fettflecken aus Wollsachen lassen sich am besten mit Mineralwasser auswaschen. Eventuell vor der Wäsche noch mit Waschbenzin vorbehandeln.

- Fettflecken auf Teppichen und Polstermöbeln werden erst einmal reichlich mit Talkumpuder, Kartoffel- oder Stärkemehl bestreut. Nach einer Viertelstunde die Stelle absaugen oder abbürsten. Eventuell den Vorgang wiederholen und danach mit Spiritus oder Waschbenzin vorsichtig ausreiben.

- Wenn das alles nicht geholfen hat, dann muss der Fettfleck mit Glyzerin aufgeweicht werden. Dann versucht man mit Küchenkrepp oder einem sauberen saugfähigen Tuch so viel wie möglich von dem fettigen Material aufzunehmen. Zum Schluss kann die Stelle noch vorsichtig (z. B. mithilfe einer Sprühflasche) angefeuchtet werden, um sie danach mit Gallseife einzuschäumen.

- Man kann auch versuchen, die Stelle im Teppich oder auf dem Polster mit einem mit Kölnisch Wasser getränkten Tuch oder vorsichtig mit Spiritus oder Waschbenzin zu behandeln .

- Fettflecken auf Papier mit Kartoffelmehl oder Talkumpuder bestreuen. Das Fett wird aufgesaugt. Kartoffelmehl eventuell etwas anwärmen. Reste können ganz vorsichtig mit einem in Waschbenzin getränkten Wattebausch ausgerieben werden. Oder man legt das Schriftstück auf ein Löschpapier und bestreicht den Fleck mit Waschbenzin. Mit dem Verdunsten des Benzins verschwindet meistens auch der Fleck.

- Fettflecken auf Leder sind besonders heikel und ärgerlich. Es besteht immer die Gefahr, dass man die Sache noch verschlimmert. Problemlos dürfte die Methode sein, den Fleck gründlich mit weißer Kreide (Schulkreide) einzureiben, diese über viele Stunden einwirken zu lassen und später dann auszubürsten.
- Alte Fettflecken kann man versuchen, mit warmem Essigwasser zu behandeln.

Filzstift

Farbe

Entfernung
- schwierig

Flecken von Filzstiften und Folienschreibern sind oft sehr schwer zu entfernen. Bevor man zu einem Entfärber oder einem speziellen Fleckenentferner für derartige Flecken greift, kann man es mit den Mitteln versuchen, die man sowieso zu Hause hat.

- Manchmal gelingt das ganz gut, besonders wenn es sich um rote Farbe handelt. Andere Farben lassen sich schwerer aus Stoffen herauslösen. Manche Flecken von Filzstiften lassen sich überhaupt nicht mehr entfernen.
- Versuchen kann man es sowohl mit acetonfreiem als auch acetonhaltigem Nagellackentferner, indem man den Fleck wiederholt mit einem getränkten Baumwollläppchen oder Wattebausch ausreibt. Nicht vergessen: vorher ein saugfähiges Tuch oder mehrere Lagen Küchenkrepp unterlegen.
- Manche dieser Farbflecken lassen sich zwar mühsam, aber letztendlich erfolgreich mit Isopropanol, Spiritus oder einer Wasserstoffperoxid-Lösung bearbeiten.
- Folienschreiber lassen sich von glatten Oberflächen aus Kunststoff im Allgemeinen leicht mit Aceton oder Isopropanol entfernen.

Flüssigwürze

Gemischt

Entfernung
- einfach

- Den frischen Fleck sofort mit kaltem Wasser oder Mineralwasser ausspülen. Restflecken mit verdünntem Salmiakgeist einreiben, kurz einwirken lassen und wiederholt mit Wasser ausspülen.

Fruchteis

Gemischt

Entfernung
- meistens einfach

Die Zuckeranteile sind wasserlöslich und problemlos auszuwaschen.

- Wenn das Eis viele Fruchtanteile hat und eventuell deshalb auch eine besonders intensive Farbe, sollte man den Fleck wie einen Obstfleck behandeln.

Fingerfarbe

Farbe

Entfernung
- schwierig

- Fingerfarben lassen sich von der Haut problemlos durch Waschen entfernen. Das Gleiche gilt für glatte Oberflächen wie Glas- und Spiegelscheiben.

- Für die Entfernung von Flecken aus Textilien, also Kleidung, Teppichen und Polstern, gibt es keine allgemein gültigen Empfehlungen. Am besten informiert man sich über Hinweise auf der Verpackung oder auf der Internet-Seite des Herstellers.

Gemüse

Organische Farbstoffe

Entfernung
- manchmal schwierig

- Möglichst schnell mit reichlich kaltem Wasser aus- bzw. vorwaschen. Einige Gemüseflecken lassen sich danach ohne Probleme mit einem Vollwaschmittel restlos auswaschen.

- Bei starken Verfärbungen ist es empfehlenswert, vor der üblichen Wäsche die Stellen gründlich mit Gallseife einzureiben.

- Alternativ kann man die Flecken auch mit Borax bestreuen oder einige Zeit in einer Boraxlösung einweichen.

- Ein altes Rezept für die Entfernung von Gemüseflecken ist das natürliche Sonnenbleichen: Dazu wird das Wäschestück an einem sonnigen Platz für einige Stunden feucht ausgebreitet. Die Bleichkraft der Sonne wird heutzutage unterschätzt. Sie schafft es jedoch, so hartnäckige wie farbige Flecken beispielsweise von roter Paprika oder Karotten in einigen Stunden intensiver Bestrahlung verschwinden zu lassen.

Gewürze

Organische Farbstoffe

Entfernung
- manchmal schwierig

- Die meisten Flecken von Gewürzen lassen sich problemlos auswaschen, am besten mit einem Flüssigwaschmittel. Eventuell den Fleck vorher mit Gallseife oder einem Flüssigwaschmittel vorbehandeln.

- Flecken von Curry und Safran gehören allerdings zur Kategorie der widerspenstigsten Flecken. Bei den stark gelb färbenden Fäden des Safran handelt es sich um die Staubgefäße von Krokusblüten. Die Behandlung ist daher die gleiche wie die von Flecken von Blütenstaub.

- Flecken von Curry in Textilien möglichst schnell mit warmem Wasser ausspülen, mit Glyzerin betropfen und etwa 30 Minuten einwirken lassen. Danach ausspülen und wie gewohnt waschen. Wenn dann immer noch Curryflecken sichtbar sind, in der Sonne oder mit etwas Wasserstoffperoxid bleichen.

Gras

Organische Farbstoffe

Entfernung

- meistens gut möglich

- Frische und eher leichte Flecken lassen sich meist nach einer Vorbehandlung mit Gallseife oder bei stärkerer Verfärbung mit Spiritus dann doch relativ gut auswaschen.

- Sind die Grasflecken aber hartnäckiger und auch eine Sonnenbleiche nicht erfolgreich, so muss man das Gewebe, wenn es das verträgt, mit stärkeren, aber auch aggressiveren Bleichmitteln behandeln, zum Beispiel mit Wasserstoffperoxid.

- Flecken in empfindlichen Stoffen kann man mit Glyzerin oder Margarine einreiben und nach einiger Zeit in einer Seifenlauge auswaschen. Gleiches gilt für ältere Grasflecken.

- Schmierseife und eine kräftige Bürste kann man auch schon mal bei besonders strapazierfähigen Kinderhosen oder Jeans erfolgreich einsetzen.

Grünspan

Chemisch

Entfernung

- relativ einfach

- Grünspan bildet sich auf Kupfer und Messing. Mit Grünspanflecken verunreinigte Textilien kann man mit Essig behandeln und später in warmer Seifen- oder Waschmittellauge auswaschen.

Haarfarbe

Organische oder chemische Farbstoffe

Entfernung
- einfach bis schwierig

Bei Haarfärbemitteln ist zwischen drei verschiedenen Arten zu unterscheiden:
- Haarfarben
- Intensivtönungen
- normale Tönungen bzw. sogenannte Waschtönungen

Haarfarben lassen sich nur dann aus Textilien vollständig entfernen, wenn sofort und richtig gehandelt wird.

- Da Haarfarben eine Art Farbentwicklungsprozess durchlaufen, wenn sie gemischt und aufgetragen werden, ist es wichtig, diesen Prozess möglichst schnell und gründlich zu unterbrechen, indem man Farbreste so schnell wie möglich mit Papier aufnimmt und dann den entstandenen Farbfleck mit Seife oder Spülmittel auswäscht.
- Flecken von Haarfarben, die danach noch vorhanden sind, kann man im Allgemeinen nur mit einem Bleichmittel wie Wasserstoffperoxid erfolgreich behandeln.
- Intensiv- und Waschtönungen hinterlassen im Allgemeinen nur solche Flecken, die sich problemlos herauswaschen lassen. Für die Maschinenwäsche empfiehlt es sich, die für die jeweilige Textilart höchstmögliche Temperatur einzustellen.

Harz

Unterschiedlich

Entfernung
- mechanisch und chemisch

- Harz ist nicht gleich Harz. Manche Naturharze enthalten Terpentinöl oder andere Öle. Wie schwierig ein Fleck zu entfernen ist, hängt auch davon ab, wie fest oder zähflüssig das Harz ist.

- Zunächst sollte man so viel wie möglich von der Verschmutzung mechanisch entfernen, also wegkratzen.

- Fleckenwasser oder Waschbenzin sind dann die Mittel der Wahl für das weitere Vorgehen. Es kann sich auch ein Versuch mit Nagellackentferner lohnen.

Holzschutzmittel

Chemisch/Lösungsmittelhaltig

Entfernung
- meistens gut möglich

- Holzlasuren und Holzschutzmittel lassen sich gut mit Terpentinersatz oder Verdünner entfernen. Unbedingt einen saugfähigen Lappen unter die Stelle legen, bevor man den Fleck mit dem Lösungsmittel benetzt.

Honig

Zuckerhaltig

Entfernung
- einfach

- Am besten wäscht man den Fleck zuerst mit warmem Wasser aus und dann wie gewohnt in der Waschmaschine.

Jod
Chemisch

Entfernung
- mühsam

Jod zu entfernen, ist etwas mühsam und könnte auch schwierig sein.

- Zuerst kann man den Fleck mit sehr warmem Wasser anfeuchten, dann mit einer rohen Kartoffel einreiben und danach eventuell noch mit Salmiakgeist oder verdünntem Entfärber behandeln. Wenn sich nach dem Ausspülen noch deutliche Restflecken zeigen, ist die Prozedur zu wiederholen, eventuell sogar mehrmals.

Joghurt
Eiweißhaltig

Entfernung
- einfach

- Joghurtflecken kann man antrocknen lassen, um sie dann auszubürsten. Danach mit lauwarmem Wasser einfach auswaschen.

Kaffee
Gerbstoffe/Wasserlöslich

Entfernung
- relativ einfach

! VORSICHT: Kaffeeflecken niemals mit Salmiakgeist behandeln! Es entsteht eine chemische Reaktion, welche die Kaffeeflecken für immer im Gewebe fixiert.

- Frische Flecken in Textilien mit viel Wasser ausspülen. Vor der Wäsche den Fleckenbereich mit Gallseife behandeln. Flecken von schwarzem Kaffee (ohne Milch oder Sahne) können auch mit heißem Wasser ausgewaschen werden.

- **Kaffee mit Milch**
  Frische und alte Kaffeeflecken kann man auch mit einem milden Bleichmittel vorbehandeln und dann wie gewohnt waschen.

- Manchmal lassen sich alte Kaffeeflecken nicht mehr ganz einfach entfernen. Mann kann versuchen, sie mit Glyzerin aufzuweichen und anschließend mit Kartoffelmehl einzureiben. Später mit lauwarmem Wasser ohne Seife auswaschen.

Kajalstift

Fett- und ölhaltig

Entfernung
- relativ einfach

Kajal ist ein Ruß, der aus verbranntem Butterschmalz hergestellt wird.

- Flecken vom Kajalstift lassen sich aus Textilien am besten mit einem in Waschbenzin getränkten Wattebausch ausreiben.

Kakao

Gemischt

Entfernung
- meistens problemlos

- Frische Kakaoflecken mit lauwarmem Wasser ausspülen, eventuell mit einem flüssigen Waschmittel vorbehandeln und dann wie gewohnt – möglichst mit einem enzymhaltigen Waschmittel – waschen.

- Eingetrocknete Kakaoflecken in heißer Milch einweichen. Danach wie frische Kakaoflecken waschen.

- Kakaoflecken auf Teppichen und Polstern zunächst mit viel Wasser verdünnen und aufsaugen, mit lauwarmer Seifenlauge vorsichtig ausreiben und mit klarem Wasser nachbearbeiten.

Kaugummi

Entfernung
- etwas mühsam

Kaugummi-Reste müssen zuerst vom Stoff entfernt werden, ohne ihm zu beschädigen. Abkratzen ist keine gute Idee und auch nicht nötig. Denn am besten und oft auch ganz leicht geht es nach einer Behandlung in der Tiefkühltruhe.

- Das Kleidungsstück in einen Plastikbeutel packen und für etwa eine Stunde in das Drei-Sterne-Fach des Kühlschranks oder in die Tiefkühltruhe legen. Der Kaugummi wird in der Kälte bröckelig und lässt sich dann entweder von Hand oder mit einer Bürste ganz gut entfernen. Dann noch vorhandene Flecken mit Waschbenzin oder einem speziellen Fleckenentferner für Kaugummi nachbehandeln.

- Kaugummireste auf Teppichen und Polstern, die man ja meistens nicht in die Tiefkühltruhe legen kann, bearbeitet man aber auch mit Kälte, um zuerst die Rückstände zu zerbröseln. Dabei helfen Eiswürfel oder Vereisungsspray aus der Hausapotheke. Die Nachbehandlung der Flecken erfolgt wie bei allen Textilien mit Waschbenzin oder einem speziellen Fleckenentferner für Kaugummi.

Ketchup

Organische Farbstoffe

Entfernung
- meistens problemlos

- Frische Ketchup-Flecken aus Textilien – auch aus Teppichen und Polstern – zuerst mit viel kaltem Wasser ausspülen. Teile, die gewaschen werden können, dann eventuell mit Gallseife vorbehandeln und mit einem (möglichst enzymhaltigen) Waschmittel wie gewohnt waschen.

- Eingetrocknete Ketchup-Flecken kann man zuerst mit Glyzerin aufweichen und danach wie frische Flecken behandeln.

Kohlepapier

Chemisch/Fetthaltig

Entfernung
- meistens gut möglich

Flecken in Textilien, verursacht durch Kohlepapier und Farbbänder, kommen heute eher selten vor, dafür aber umso häufiger Verschmutzungen durch Druckertoner.

! WICHTIG: Solche Flecken nicht trocken verreiben, sondern mit einem sauberen hellen Baumwolltuch, getränkt mit Waschbenzin oder Fleckenwasser, so lange abtupfen, bis keine Farbe mehr abgegeben wird. Eventuell mit Gallseife vor dem Waschen vorbehandeln und dann wie gewohnt waschen.

Korrekturflüssigkeit

Chemisch

Entfernung
- einfach

Korrekturflüssigkeit enthält wie Nagellack häufig das Lösungsmittel Aceton und lässt sich daher aus Textilien und von glatten Oberflächen meistens gut mit Aceton oder Nagellackentferner lösen.

- Dazu am besten einen sauberen Lappen oder einen Wattebausch zu Hilfe nehmen.
- Am besten lässt man Korrekturflüssigkeit aber erst einmal antrocknen, weil sie sich dann ganz gut mechanisch durch Zerbröseln entfernen lässt, bevor man oft auch nur mit warmem Wasser und Seife nachbehandeln muss und danach wie gewohnt das Textil waschen kann.

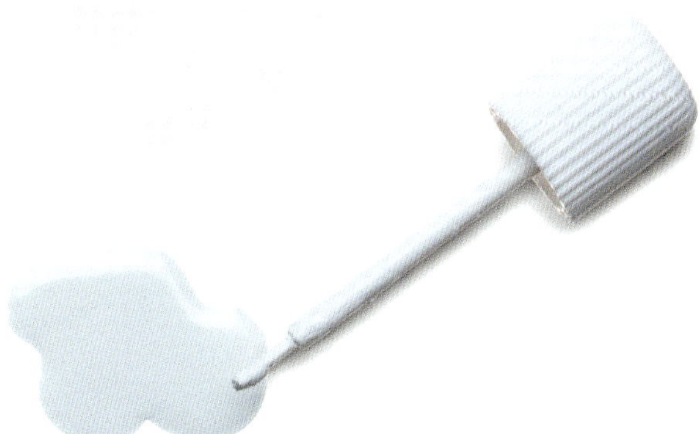

Kot/Stuhl

Körperausscheidung

Entfernung
- einfach

- Größere Mengen entfernen: Waschbare Textilien möglichst sofort mit der erlaubten Höchsttemperatur auswaschen.

- Um später schlecht zu behandelnde Verfärbungen zu verhindern, ist es zu empfehlen, die betroffenen Stellen direkt mit einem Flüssigwaschmittel oder Gallseife vor dem Waschen zu behandeln.

- Kot, insbesondere von Haustieren, auf Teppichen und Polstermöbeln wird zunächst so weit wie möglich entfernt. Die entstandenen Flecken werden dann mit warmer Seifenlauge gründlich ausgewaschen oder mit Oranexlösung und/oder Salmiakgeist behandelt.

Kugelschreiber

Chemische Farbstoffe

Entfernung
- meistens gut möglich

Wie einfach oder auch schwierig die Entfernung von Kugelschreiberflecken sein kann, hängt nicht zuletzt auch von der Oberfläche ab, auf der sich die Flecken befinden.

- Blaue Kugelschreiberflecken sind meistens leichter zu entfernen als die von roten und schwarzen Kugelschreiberminen.

- Kugelschreiberflecken auf Textilien sollte man mit einem mit Spiritus oder auch Kölnisch Wasser getränkten Läppchen vorsichtig betupfen und ausreiben.

- Ganz hartnäckige Flecken kann man versuchen, mit Haarspray zu behandeln. Unter die zu reinigende Stelle Legt man einen saugfähigen Lappen, bevor man sie kräftig mit Haarspray einsprüht und dann den Fleck herauszureiben versucht. Eventuell muss man den Vorgang einige Male wiederholen. Waschbare Textilien werden, falls nötig, vor dem Waschen mit Gallseife behandelt.

- Kugelschreiberflecken auf Leder können problematisch sein. Manchmal gelingt die Fleckenentfernung von Glattleder mit Milch. Dazu taucht man ein Läppchen oder einen Wattebausch in Milch und bearbeitet damit vorsichtig die Lederfläche. Diese Methode ist für Wildleder nicht geeignet. Kugelschreiberflecken auf Wild- oder Rauleder lassen sich manchmal mit einem Radiergummi oder einem speziellen Reinigungsgummi für Leder ausradieren.

Lidschatten

Farbstoffe

Entfernung
- einfach

- Flecken von Lidschatten sind meist wasserlöslich und verschwinden mit der normalen Wäsche.

- Soll oder kann das Textil nicht gewaschen werden, dann sind solche Flecken am besten mit einem mit Isopropanol oder Spiritus getränkten Läppchen zu behandeln, wenn nicht schon das Ausreiben mit einem Wattebausch, getränkt mit Augen-Make-up-Entferner, hilft.

Lack/Ölfarben

Farbe/Lack

Entfernung
- gut möglich

- Feuchte Farbe immer sofort entfernen. Wenn nötig, ein sauberes Tuch unterlegen und dann einen kleinen Lappen mit einem geeigneten Lösungsmittel oder Verdünner tränken.

- Infrage kommen: Terpentinersatz und Pinselreiniger, für Künstler-Ölfarben auch Malmittel. Den Fleck so lange mit dem durchtränkten Tuch behandeln, bis der Fleck ganz verschwunden ist. Anschließend das Textil wie gewohnt waschen.

Likör

Zucker, Farbe und Alkohol

Entfernung
- einfach

- Likörflecken sind im Allgemeinen unproblematisch, können also problemlos mit der normalen Wäsche ausgewaschen werden.

- Allerdings enthalten einige Liköre ziemlich viel Farbstoff. Farbige Likörflecken zuerst mit viel warmem Wasser ausspülen. Falls Farbflecken sichtbar bleiben, kann man diese mit Spiritus vorbehandeln.

- Likörflecken auf Teppichen und Polstermöbeln sind mit reichlich Mineralwasser aufzulösen. Danach kann man mit Seifenlauge versuchen, noch vorhandene Flecken zu behandeln.

- Falls Verfärbungen sichtbar bleiben, diese mit Spiritus ausreiben.

Limonade

Zucker und Farbe

Entfernung
- einfach

- Frische Limonadenflecken möglichst schnell in warmem Wasser auswaschen.

- Ältere Flecken vor dem Waschen in warmer Seifenlauge einweichen. Dann wie gewohnt waschen. Empfehlenswert ist ein Flüssigwaschmittel.

- Alte Limonadenflecken in Teppichen oder Polstern mit Glyzerin aufweichen und dann mit reichlich Seifenlauge nachbehandeln. Weitere Tipps finden Sie unter dem Begriff „Cola“.

Lippenstift

Farbstoffe

Entfernung

- meistens problemlos

- Meistens reicht es, wenn man Lippenstiftflecken mit einem Flüssigwaschmittel vorbehandelt und dann das Textil wie gewohnt wäscht.

- Sehr intensive Verfärbungen werden mit einem sauberen, in Spiritus oder Isopropanol getränkten Tuch vor der Wäsche herausgerieben.

- Ältere Flecken müssen eventuell vor dem Waschen mit Glyzerin aufgeweicht werden. Ganz widerspenstigen Lippenstiftspuren kann man auch versuchen, mit Salmiakgeist zu Leibe zu rücken.

Make-up

Farbstoff- und fetthaltig

Entfernung

- einfach

- Meistens ist es ausreichend, wenn man Make-up-Flecken mit einem Flüssigwaschmittel vorbehandelt und dann das Textil wie gewohnt wäscht. Egal ob die Flecken von flüssiger, cremiger oder Puder-Schminke stammen.

- Sehr intensive Verfärbungen werden mit einem sauberen, in Spiritus oder Isopropanol getränkten Tuch vor der Wäsche herausgerieben.

Marmelade

Zucker und Gerbstoffe

Entfernung
- einfach

! Größere Mengen sofort entfernen.

- Meistens genügt es, den Fleck mit einem Flüssigwaschmittel oder Gallseife vor dem Waschen einzureiben. Für die Wäsche selbst ist dann ein enzymhaltiges Pulverwaschmittel zu empfehlen.
- Eingetrocknete Marmeladenflecken müssen erst mit Glyzerin aufgeweicht werden, bevor sie wie frische Flecken behandelt werden.
- Flecken und Verfärbungen von Marmelade auf Teppichen und Polstern mit Spiritus ausreiben.

Mayonnaise

Fett und Eiweiß

Entfernung
- einfach

Mayonnaise besteht hauptsächlich aus Öl und Eiweiß, weshalb Flecken von Mayonnaise auch wie Flecken von Fett und Eiweiß zu behandeln sind.

- Meistens reicht nach dem Abkratzen von Resten eine einfache Vorbehandlung mit einem Flüssigwaschmittel oder Gallseife aus, um solche Flecken in der nachfolgenden Wäsche mit einem Waschpulver ganz zu entfernen. Dies gilt natürlich nur für waschbare Textilien.
- Bei großen und starken Mayonnaiseflecken und um sicherzugehen, dass nach der Wäsche keine Fettflecken mehr zu sehen sind, sollte man die Flecken mit Talkum oder Stärkemehl bestreuen. Der Vorgang kann wiederholt werden, bis das Fett sichtbar aufgesaugt ist. Anschließend wie oben beschrieben waschen.
- Mayonnaiseflecken aus Teppichen und Polstern gleichfalls durch Bestreuen mit Fett aufsaugendem Stärkemehl oder Talkum behandeln, dann absaugen oder abbürsten. Eventuell noch, falls nötig, mit Fleckenwasser behandeln.

Medizin

Gemischt

Entfernung
- einfach

- Flecken von Hustensaft oder anderer flüssiger Medizin sofort mit kaltem Wasser oder Mineralwasser ausspülen. Restflecken mit verdünntem Salmiakgeist einreiben, kurz einwirken lassen und wiederholt mit Wasser ausspülen.

Mehl

Entfernung
- einfach

- Flecken von trockenem Mehl lassen sich meistens gut ausbürsten.

- Flecken von feuchtem Mehl, z. B. von Kuchen- oder Brotteig, muss man eventuell vor der normalen Hand- oder Maschinenwäsche mit einem Flüssigwaschmittel vorbehandeln.

Milch

Fett- und eiweißhaltig

Entfernung
- einfach

- Frische Milchflecken sofort mit viel kaltem und dann mit warmem Wasser auswaschen. Danach mit Gallseife behandeln und dann wie gewohnt waschen.

- Bereits eingetrocknete Milchflecken vorher entweder mit Glyzerin aufweichen oder eine halbe Stunde in einer enzymhaltigen Waschlauge einweichen.

- Milchflecken aus nicht waschbaren Textilien wie Teppichen oder Polstern mit Seifenlauge, der man etwas Salmiakgeist beimischen kann, entfernen oder mit einer Mischung aus einem Teil Terpentinöl und zwei Teilen Zitronensaft behandeln.

- Flecken von trockenem Milchpulver lassen sich meistens gut ausbürsten. Flecken von feuchtem Milchpulver sind hartnäckiger und sollten wie frische Milchflecken behandelt werden. Eventuell mit etwas verdünntem Salmiakgeist, dem man eine Prise Salz beigibt, behandeln.

Milchkaffee

Gemischt

Entfernung
- einfach

- Frische Flecken von Milchkaffee sofort mit viel kaltem Wasser ausspülen. Falls erforderlich, vor dem Waschen noch mit Gallseife behandeln.

- Bereits eingetrocknete Flecken von Milchkaffee kurze Zeit in heiße Milch legen und danach wie gewohnt waschen.

- Wurde Milchkaffee auf einem Teppich oder auf Polstermöbeln verschüttet, sollte man so viel wie möglich von der Flüssigkeit mit Küchenkrepp aufsaugen und den Fleck dann mit warmer Seifenlauge auswaschen. Restflecken werden mit Waschbenzin oder Fleckenwasser behandelt.

Möbelpolitur

Öl- und farbstoffhaltig

Entfernung
- unterschiedlich gut möglich

Bei der Arbeit mit Möbelpolitur kann es leicht zu Flecken auf Teppichen, Polstern oder anderen Heimtextilien kommen.

Auch wenn sich verschiedene Möbelpolituren aus unterschiedlichen Stoffen zusammensetzen, so bestehen sie doch in den meisten Fällen hauptsächlich aus Öl bzw. flüssigem Wachs und hellen oder dunklen Farbstoffen.

Deshalb muss man in zwei Schritten vorgehen, nämlich zuerst den ölhaltigen Fleck bekämpfen und danach etwas gegen eventuelle Verfärbungen unternehmen.

- Verschüttete Möbelpolitur auf Polstern und Teppichen sofort mit Küchenkrepp aufnehmen, dann mit Talkum oder Kartoffelmehl bestreuen und einige Stunden abwarten, bis das Öl möglichst ganz aufgesaugt ist. Eventuelle Verfärbungen mit Fleckenwasser oder Waschbenzin nachbehandeln.

- Politurflecken in Heimtextilien, Kleidung usw. wie Ölflecken behandeln und bei Verfärbungen vor dem Waschen mit Gallseife vorbehandeln. Hartnäckige Farbflecken mit Waschbenzin oder Fleckenwasser ausreiben.

- Alte Möbelpoliturflecken sollte man mit Glyzerin oder Vaseline aufweichen und danach wie frische behandeln.

Motor-/Maschinenöl

Öl- und fetthaltig

Entfernung
- meistens ganz gut möglich

Motor- und Maschinenöle sowie Kraftstoffe wie Diesel und Autobenzin enthalten unterschiedliche Zusatzstoffe.

- Es empfiehlt sich jedoch immer, Motoröl- und Kraftstoffflecken in Textilien erst einmal mit Butter oder Margarine einzureiben und kurze Zeit einwirken zu lassen. Danach mit Spiritus oder Fleckenwasser ausreiben.

- Bei besonders hartnäckigen Flecken empfiehlt es sich, nach der Vorbehandlung mit Spiritus eine saugfähige Unterlage unter dem Fleck zu platzieren und diesen dann mit Terpentin einzupinseln.

- Vor dem Waschen mit Gallseife oder Flüssigwaschmittel einreiben.

Nagellack

Farbe und Lack

Entfernung
- unterschiedlich schwierig

- Man bearbeitet den Fleck am besten zuerst mit Nagellackentferner oder Aceton. Restflecken mit Fleckenwasser bearbeiten oder in etwas Spiritus einweichen. Normalerweise verschwinden Verfärbungen bei der Wäsche.

! VORSICHT: Bei Nagellackflecken in oder auf Kunstfasern ist größte Vorsicht geboten, da sie durch Aceton oder acetonhaltigen Nagellackentferner beschädigt werden können.

- Bereits eingetrocknete Nagellackflecken kann man versuchen, mit Vaseline oder Glyzerin anzulösen.

Nikotin

Gerbstoffe

Entfernung
- meistens einfach

- Einfach mit einer halbierten Zitrone ausreiben.

- Wenn das nicht hilft, behandelt man Nikotinflecken in Textilien am besten mit Isopropanol.

- Sind die Flecken sehr hartnäckig, dann kann man Glyzerin und Salmiakgeist zu etwa gleichen Teilen miteinander vermischen und eine Zeit lang einziehen lassen. Die Flecken sollten sich dann mit der gewohnten Wäsche herauswaschen lassen.

Nuss-Nugat-Creme

Gemischt

Entfernung
- ganz gut möglich

Nuss-Nugat-Creme besteht hauptsächlich aus Fett, Zucker und Schokolade, weshalb Flecken von Nuss-Nugat-Creme auch wie Flecken von Fett und Schokolade zu behandeln sind.

- Meistens reicht nach dem Abkratzen von Resten eine einfache Vorbehandlung mit einem Flüssigwaschmittel oder Gallseife aus, um solche Flecken in der nachfolgenden Wäsche mit einem Waschpulver ganz zu entfernen. Dies gilt natürlich nur für waschbare Textilien.

- Bei großen und starken Flecken und um sicherzugehen, dass nach der Wäsche keine Fettflecken mehr zu sehen sind, sollte man die Flecken mit Talkum oder Stärkemehl bestreuen. Der Vorgang kann wiederholt werden, bis das Fett sichtbar aufgesaugt ist. Anschließend wie oben beschrieben waschen.

- Flecken aus Teppichen und Polstern gleichfalls durch Bestreuen mit Fett aufsaugendem Stärkemehl oder Talkum behandeln, dann absaugen oder abbürsten. Eventuell noch, falls nötig, mit Fleckenwasser behandeln.

Obst und Obstsäfte

Gerbstoffe

Entfernung
- unterschiedlich schwierig

! Möglichst schnell handeln. Je frischer der Fleck, desto größer die Chance für eine restlose Entfernung.

! Flecken sofort mit viel kaltem Wasser ausspülen. Empfehlenswert ist auch als Erste Hilfe großzügiges Übergießen und Auswaschen mit klarem Sprudelwasser (kohlensäurehaltigem Mineralwasser).

- Obstflecken in kochfesten Textilien wie z. B. Baumwolle und Leinen können auch mit kochendem Wasser behandelt werden. Die Stelle mit dem Fleck wird dazu über eine große Schüssel oder die Öffnung eines Eimers gespannt und aus einigem Abstand mit kochendem Wasser übergossen.

! WICHTIG: Keine Hand- oder Körperseife verwenden. Die darin enthaltenen Zusatzstoffe können sich mit den Obstrückständen so verbinden, dass eine Fleckenentfernung fast unmöglich wird.

- Obstflecken sind Säureflecken, die man am besten auch mit Säure behandelt, wenn kaltes oder heißes Ausspülen mit Wasser oder Milch nicht ausreicht.

- Flecken werden entweder mit Zitronensaft oder Essig getränkt bzw. eingerieben oder einige Zeit in Buttermilch oder einer Boraxlösung eingeweicht. Dann mit Wasser ausspülen und wie gewohnt waschen.

- Wenn nach der Wäsche noch Restflecken vorhanden sind, dann hilft nur noch das Bleichen an der Sonne oder der Einsatz eines handelsüblichen Bleichmittels wie Chlorbleiche oder Wasserstoffperoxid.

- Obstflecken aus nicht waschbaren Textilien wie Teppichen und Polstern werden mit einer Lauge aus Feinwaschmittel, mit Essig und/oder Salmiakgeist behandelt.

Öl

Öl- und fetthaltig

Entfernung
- meistens einfach

- Ölflecken werden wie alle Fettflecken so oft mit Talkum oder Kartoffelmehl bestreut, bis das Fett vollständig aus dem Gewebe herausgesogen ist. Waschbare Textilien wie gewohnt waschen und eventuell mit Gallseife vorbehandeln.

- Ölflecken aus Teppichen und Polstern nach der Bearbeitung mit Talkum oder Kartoffelmehl, falls notwendig, noch mit Fleckenwasser nachbearbeiten.

- Ölflecken aus Wolle nur mit Mineralwasser entfernen. Weitere Tipps finden Sie unter dem Begriff „Fett“.

Ölfarbe

Farbe und Lack

Entfernung
- gut möglich

! WICHTIG: Noch feuchte Farbe sofort entfernen! So viel wie möglich von der frischen Farbe auftupfen.

! Eingetrocknete Farbe so gut wie möglich wegkratzen.

- Einen saugfähigen Lappen unter den oder die Flecken von Ölfarbe auf Textilien legen und mit reichlich Verdünner, Pinselreiniger oder Terpentinersatz von außen nach innen behandeln. Dabei möglichst wenig reiben. Eventuell muss der Vorgang mehrmals wiederholt werden. Vor dem Waschen mit Gallseife behandeln.

- Arbeitskleidung und Jeansstoffe können robuster behandelt werden, indem man mit einem Messer oder einem Spatel versucht, den Farbfleck so gut wie möglich herauszukratzen, und dann mit einem der oben genannten Lösungsmittel kräftig reibt, bis der Fleck verschwunden ist.

Parfüm

Alkohol, Aroma- und Farbstoffe

Entfernung
- manchmal schwierig

! Parfümflecken in empfindlichen Stoffen müssen sehr vorsichtig behandelt werden. Es könnten Ränder entstehen.

- Wenn sich der Stoff dazu eignet, frische Flecken sofort mit viel Wasser ausspülen. Falls nötig, mit Gallseife vorbehandeln und wie gewohnt von Hand oder in der Maschine waschen.

- Empfindlichere Gewebe vorsichtig mit Alkohol oder etwas verdünntem Salmiakgeist abtupfen und falls möglich waschen.

- Größere Parfümflecken auf Teppichen oder Polstern ebenfalls mit Alkohol oder Salmiakgeist bearbeiten.

! Sollten sich die Flecken auf einem nicht waschbaren textilen Bodenbelag ins Bräunliche verfärbt haben, könnte man die Fleckenentfernung mit einer Oxalsäure- oder Kleesalzlösung versuchen.

Pudding

Gemischt

Entfernung
- einfach

- Puddingflecken in waschbaren Textilien mit Flüssigwaschmittel vorbehandeln und dann mit einem Pulverwaschmittel von Hand oder in der Maschine mit gewohnter Temperatur waschen.

- Pudding von Teppichen und Polstern so gut wie möglich entfernen und dann mit einer milden Lauge aus Flüssigwaschmittel nachreinigen.

Rost

Oxidation

Entfernung
- nicht ganz einfach

! VORSICHT vor Behandlungen mit Hitze. Durch heißes Wasser oder Bügeln können Rostflecken so im Gewebe fixiert werden, dass sie kaum wieder zu entfernen sind. Wenn man also Rostflecken entdeckt, diese möglichst frisch und sofort behandeln.

- Es gibt drei verschiedene Methoden, um Rostflecken erfolgreich aus Textilien zu entfernen:

1. Die Rostflecken mit Zitronensaft beträufeln, einwirken lassen und mit Wasser ausspülen. Wenn nötig, mehrmals wiederholen.

2. Mit Zitronensaft einfeuchten und dann mit Salz bestreuen. Ein bis zwei Stunden einwirken lassen und mit Wasser ausspülen. Wenn nötig, mehrmals wiederholen.

3. Fleck mit Wasser anfeuchten, Kleesalz daraufstreuen und einreiben. Längere Zeit einwirken lassen und mit Wasser ausspülen. Wenn nötig, den Vorgang wiederholen.

Alle Methoden eignen sich auch mehr oder weniger für die Entfernung von Rostflecken aus Teppichen und Polstermöbeln und von anderen Oberflächen.

Rote Bete

Organische Farbstoffe

Entfernung

- ziemlich leicht

- Rote-Bete-Flecken möglichst frisch behandeln, am besten solange sie noch nicht getrocknet sind. Mit möglichst viel kaltem oder warmem Wasser auswaschen.

- Rote-Bete-Flecken in kochfesten Textilien wie z. B. Baumwolle und Leinen können jedoch auch mit kochendem Wasser behandelt werden. Die Stelle mit dem Fleck wird dazu über eine große Schüssel oder die Öffnung eines Eimers gespannt und aus einigem Abstand mit kochendem Wasser übergossen. Anschließend wie gewohnt waschen.

- Flecken in Teppichen und Polstern versucht man ebenfalls, mit sehr heißem Wasser herauszulösen.

- Bereits eingetrocknete Flecken müssen mit einer Boraxlösung behandelt werden.

- Wenn sich Rote-Bete-Flecken aus weißen Stoffen wie Baumwolle oder Leinen nicht ganz entfernen lassen, muss man bleichen – entweder ökologisch in der Sonne oder chemisch mit Chlorbleiche.

Rotwein

Gerbstoffe

Entfernung
- ziemlich leicht

- Rotweinflecken in Textilien sind üblicherweise kein Problem, da sie nach einer normalen Maschinenwäsche meistens spurlos verschwunden sind.

- Das Wäschestück mit Rotweinflecken sollte aber möglichst bald gewaschen werden.

! Es ist zu empfehlen, möglichst sofort – noch vor der Maschinenwäsche – den Fleck unter fließend kaltem Wasser auszuwaschen. Soweit der Stoff es verträgt, kann man dazu auch heißes bis kochendes Wasser nehmen.

- Besonders bei empfindlichen Textilien empfiehlt sich ein Versuch mit Bohnenwasser. Den Fleck eine Zeitlang im Bohnensud einweichen und nach sichtbarem Verschwinden mit handwarmem Wasser gründlich ausspülen.

- Sind die Flecken schon längere Zeit eingetrocknet, behandelt man sie mit einem milden Bleichmittel vor und wäscht das Textil dann mit einem Pulverwaschmittel.

- Wird eine größere Menge Rotwein verschüttet, muss schnell gehandelt werden. So viel wie möglich mit einem Wischlappen oder Küchenkrepp aufsaugen. Anschließend mit reichlich Mineralwasser weiter verdünnen und nachbehandeln. Flüssigkeit immer wieder aufsaugen. Restflecken werden mit Salz bestreut. Trocknen lassen und dann abbürsten oder absaugen.

- Wenn noch Verfärbungen sichtbar sind, mit einem sauberen Lappen, auf den etwas Spiritus gegeben wurde, ausreiben.

Ruß

Öl- und fetthaltig

Entfernung
- gut möglich

- Ruß gründlich abschütteln oder vorsichtig absaugen. Man muss darauf achten, den Ruß nicht in das Gewebe hineinzureiben. Den Fleck zunächst mit Fleckenwasser behandeln und eventuelle Restflecken direkt mit Flüssigwaschmittel oder einer solchen Lauge versuchen auszuputzen. Für die nachfolgende Maschinenwäsche nimmt man am besten ein Pulverwaschmittel.

- Flecken in Teppichen und Polstern gleichfalls mit Fleckenwasser behandeln und anschließend mit einer warmen Lauge aus Feinwaschmittel nachreinigen.

Salatsoße/Salatöl

Öl- und fetthaltig

Entfernung

- einfach

- Man behandelt solche Flecken am besten mit einem Flüssigwaschmittel oder Gallseife vor und wäscht das Textil dann wie gewohnt. Weitere Tipps finden Sie unter den Begriffen „Öl“ und „Fett“.

Schokolade

Gemischt

Entfernung

- meistens leicht

- Schokoladenflecken können außer Gerbstoffen und Zucker auch Eiweiß und Fett enthalten.

! Besonders bei empfindlichen Stoffen wie Seide empfiehlt sich ein sehr vorsichtiges Vorgehen.

- Von Stoffen, Polstern und Teppichen so viel wie möglich der Schokoladenreste vorsichtig abschaben.

- Restflecken in waschbaren Textilien am besten mit einem Flüssigwaschmittel behandeln und mit lauwarmem Wasser auswaschen. Eventuell in Seifenlauge vor dem Waschen etwas einweichen, dann mit einem enzymhaltigen Pulverwaschmittel wie gewohnt waschen. Nicht immer gelingt es aber, insbesondere bei weißen Textilien nicht, die Flecken optisch ganz verschwinden zu lassen. Dann hilft nur noch Bleichen an der Sonne oder der Einsatz eines chemischen Bleichmittels.

- Alte Flecken mit Glyzerin oder Vaseline aufweichen und danach wie frische Flecken behandeln. Restflecken mit Waschbenzin oder Fleckenwasser ausreiben.

- Flecken aus Teppichen, Polstern und anderen, nicht waschbaren Textilien mit einer Mischung aus zwei Teilen Spiritus und einem Teil Wasser bearbeiten.

Schokoladeneis

Gemischt

Entfernung

- etwas problematisch

Ein Schokoeisfleck kann schon mal Probleme bereiten.

! Erste Hilfe, wenn mit Schoko-Eis gekleckert wurde, schafft kohlensäurehaltiges Mineralwasser. Einfach über den Fleck gießen und dann normal waschen. Funktioniert allerdings nur bei wirklich frischen Flecken.

- Weitere Tipps finden Sie unter dem Begriff „Schokolade".

Schuhcreme

Farb- und fetthaltig

Entfernung

- nicht ganz einfach

- Schuhcremereste von Stoffen, Polstern und Teppichen vorsichtig mit einem Messer oder Spatel abkratzen. Dann mit Fleckenwasser oder Terpentinersatz behandeln.

- Restflecken in waschbaren Textilien vor der normalen Wäsche mit Gallseife einreiben.

- Flecken von schwarzer Schuhcreme mit Kaliumpermanganat nachbehandeln.

- Alte Flecken vor der Weiterbehandlung mit Glyzerin oder Vaseline aufweichen. Danach wie frische Flecken bearbeiten.

Schweiß

Körperflüssigkeit

Entfernung

- meistens gut möglich

- Oft reicht es, das verfleckte Kleidungsstück mit einem enzymhaltigen Fein- oder Vollwaschpulver wie gewohnt zu waschen.

- Handelt es sich um mit Deodorant vermischte Schweißflecken, ist der Einsatz von Entfärber kaum zu vermeiden.

- Schweißflecken kann man leichter entfernen, wenn man die Kleidung oder die betroffenen Stellen ein paar Stunden in einer Lösung aus verdünntem Essig oder verdünntem Salmiakgeist einweicht und anschließend normal wäscht.

- Auch Backpulver kann helfen. Dazu den fleckigen Bereich etwas anfeuchten, mit Backpulver bestreuen und einreiben. Mehrere Stunden einwirken lassen, da nach ausspülen und normal waschen.

Senf

Organische Farben

Entfernung
- manchmal einfach, oft schwierig

- Die Entfernung von Senfflecken aus Textilien kann sich unterschiedlich schwierig gestalten, besonders dann, wenn die Flecken schon eingetrocknet sind.

- Je frischer der Fleck, desto größer sind die Chancen für ein rückstandsloses Verschwinden. Immer frische und auch schon angetrocknete Senfreste so gut wie möglich aufnehmen, wegwischen oder abkratzen.

- Oft reicht es, einen noch frischen Senffleck mit Flüssigwaschmittel einzureiben und dann das Textil wie gewohnt zu waschen.

- Wenn sich nach der Vorbehandlung zeigt, dass der Fleck sehr hartnäckig ist, kann man ihn vor der Wäsche mit Salmiakgeist behandeln.

- Stark eingetrocknete Senfflecken werden längere Zeit mit Glyzerin aufgeweicht und dann wie frische Flecken behandelt.

- Wenn nach der Wäsche noch Verfärbungen sichtbar sind und der Stoff es verträgt, kann man mit Wasserstoffperoxid oder bei weißen Stoffen mit Chlorbleiche weiterbehandeln.

Sperma

Körperflüssigkeit

Entfernung
- einfach

- Spermaflecken lassen sich aus allen Textilien einfach entfernen. Man benötigt nur handwarmes Wasser und Seife.

Spinat

Organische Farben

Entfernung
- einfach

- Einen Spinatfleck auf Textilien behandelt man am besten zuerst mit Mineralwasser und reibt ihn dann mit der Schnittfläche einer rohen Kartoffel ab. Anschließend das Textil wie gewohnt waschen.

Spirituosen

Gemischt

Entfernung
- meistens ganz gut möglich

- Whisky- und Cognacflecken mit warmem Wasser auswaschen. Restflecken und Verfärbungen vor der Wäsche mit Spiritus ausreiben.

- Flecken in nicht waschbaren Textilien mit Mineralwasser und anschließend mit Fleckenwasser oder Waschbenzin behandeln.

- Alte Flecken einige Stunden in kaltem Wasser einweichen, mit Essig vorbehandeln und dann wie gewohnt waschen.

- Flecken auf Teppichen und Polstern zuerst mit warmem Wasser und etwas Spülmittel behandeln. Danach noch sichtbare Flecken oder Verfärbungen mit Spiritus nachbearbeiten.

Staub

Schmutz

Entfernung
- einfach

- Flecken von normalem Hausstaub in Textilien, zum Beispiel Staub-, Putz- und Küchentüchern, lassen sich problemlos auswaschen.

- Starke Verschmutzungen mit Flüssigwaschmittel vorbehandeln oder einige Zeit vor dem Auswaschen in Seifenlauge einweichen.

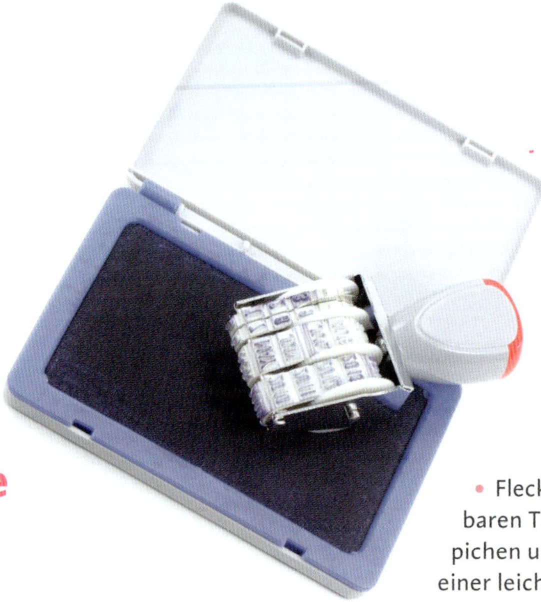

Stempelfarbe
Farbe

Entfernung
- manchmal nicht ganz einfach

Diese Flecken sind sehr farbintensiv, weshalb man die Behandlung eventuell mehrfach wiederholen muss, bis man Erfolg hat.

- Verfärbungen von Stempelfarbe über einer saugfähigen Unterlage (Lappen oder Küchenkrepp) mit reichlich Spiritus einweichen und ausreiben. Vor der Wiederholung der Behandlung eventuell die Unterlage erneuern. Danach sofort von Hand oder in der Maschine waschen.
- Flecken aus nicht waschbaren Textilien sowie Teppichen und Polstern mit einer leichten Seifenlauge, der etwas Salmiakgeist zugesetzt wird, auswaschen.

Suppe
Gemischt

Entfernung
- meistens gut möglich

- Verkleckerte oder verschüttete Suppe so gut wie möglich aufnehmen und entfernen, dann die betroffene Stelle mit warmem Wasser ausspülen. Mit Gallseife oder Flüssigwaschmittel vorbehandeln und dann wie gewohnt waschen.

Tapetenkleister
Wasserlöslich

Entfernung
- meistens gut möglich

Flecken von Tapetenkleister lassen sich im Allgemeinen leicht entfernen, da es sich um einen wasserlöslichen Klebstoff handelt.

! Je schneller man handelt, desto besser. Textilien sofort mit Seifenlauge auswaschen.

- Wird Tapetenkleister auf Teppiche oder Polster gekleckert, so viel wie möglich mit einem Messer oder Spatel aufnehmen und Reste sofort mit einer milden Seifenlauge herauswaschen.

- Bereits angetrockneten Kleister abkratzen, mit warmem Wasser aufweichen und dann wie frische Flecken behandeln.

Teer

Chemisch

Entfernung
- nicht ganz einfach

- Den Teer so gut wie möglich von der Oberfläche des Wäschestücks durch Abkratzen entfernen.

- Teer wird unter Kälteeinwirkung bröckelig und lässt sich dann leichter aus dem Stoff lösen. Das Wäschestück wenn möglich für einige Stunden in die Tiefkühlung legen oder alternativ mit Eiswürfeln oder Kältespray abkühlen.

- Reste von Teer mit Butter oder Margarine einreiben und einige Zeit abwarten, bis sich der Teer gelöst hat. Restflecken eventuell mit Waschbenzin behandeln.

- Bei größeren Verschmutzungen und für nicht waschbare Textilien oder besonders empfindliche Textilien, z. B. Stofftaschen und Stoffschuhe, empfiehlt sich die Verwendung eines speziellen Teerfleckenentferners aus dem Drogeriefachhandel.

Tee

Gerbstoffe

Entfernung
- nicht ganz einfach

! VORSICHT: Flecken von schwarzem Tee lassen sich aus Textilien nicht mehr entfernen, wenn sie mit kochendem oder sehr heißem Wasser oder Salmiakgeist behandelt worden sind.

- Teeflecken in hellen Textilien können recht hartnäckig sein. Bevor man sie mit Gallseife vorbehandelt und anschließend mit einem Pulverwaschmittel wäscht, sollte man sie zuerst mit viel warmem Wasser ausspülen oder in einer Boraxlösung einige Zeit einweichen.

Textmarker

Farbe

Entfernung
- manchmal nicht ganz einfach

! Textmarker-Flecken sind sehr farbintensiv, weshalb man die Behandlung eventuell mehrfach wiederholen muss, bis man Erfolg hat.

- Textmarker-Verfärbungen über einer saugfähigen Unterlage (Lappen oder Küchenkrepp) mit reichlich Spiritus einweichen und ausreiben. Vor einer Wiederholung der Behandlung eventuell die Unterlage erneuern.

- Danach sofort von Hand oder in der Maschine waschen. Restflecken in weißen waschbaren Textilien mit Wasserstoffperoxid behandeln. Etwas einwirken lassen und dann wie gewohnt waschen.

Tinte

Farbe

Entfernung
- gut möglich

- Oft reicht es, wenn man den Tintenfleck mit Flüssigwaschmittel vorbehandelt und das Textil anschließend mit einem Vollwaschmittel wie gewohnt wäscht.

- Tintenflecken lassen sich aber auch aus Geweben von Kleidung und Polstern sowie Teppichen ziemlich leicht mit Salmiakgeist entfernen. Den Fleck mit einem sauberen getränkten Lappen vorsichtig von außen nach innen ausreiben. Waschbare Textilien danach wie gewohnt waschen.

- Ältere Tintenflecken auf eine saugfähige Unterlage legen, mit reichlich Zitronensaft einweichen und die Tinte dann mit einem weiteren Tuch aus dem Gewebe herauspressen. Eventuell muss der Vorgang mehrmals wiederholt werden, bevor man den Stoff wie gewohnt waschen kann. Wenn kein Zitronensaft zur Hand ist, kann man es auf die gleiche Weise auch mit Buttermilch oder Bohnenwasser versuchen.

Tomaten

Organische Farbstoffe

Entfernung

- relativ einfach

- Flecken von Tomaten und roten Paprikaschoten lassen sich, solange sie frisch sind, mit einer handwarmen Seifenlauge gut auswaschen. Bleiben nach dem Waschen noch Flecken zurück, kann man die feuchte Wäsche bleichen, indem man sie in die pralle Sonne legt. Im Allgemeinen verschwinden die Flecken dann.

- Was man noch versuchen kann: Backpulver mit etwas Wasser zu einem Brei vermischen und diesen auf die Flecken auftragen, einige Zeit einwirken lassen und danach wie gewohnt waschen.

Toner

Farbe

Entfernung

- meistens gut möglich

! Auf gar keinen Fall verreiben, sondern mit einem Staubsauger gründlich absaugen. Waschbare Textilien vor dem Waschen mit Gallseife behandeln.

- Restflecken vor der Wäsche mit Salmiakgeist behandeln und gut ausspülen.

Tonerde

Schmutz

Entfernung

- leicht

Flecken von Töpfer-Tonerde, ähnlich wie Flecken von Lehm und Lehmerde, sollten vor der Behandlung möglichst abgetrocknet sein.

- Trockene Flecken lassen sich oft einfach herausbürsten. Reste verschwinden in der normalen Wäsche. Flecken in nicht waschbaren Textilien, z. B. auf Teppichen und Polstern, mit einer milden Seifenlauge behandeln.

Tusche
Farbe

Entfernung
- meistens gut möglich

! WICHTIG: Tuscheflecken niemals eintrocknen lassen, sondern sofort aus Geweben mit viel kaltem Wasser ausspülen. Anschließend mit Salmiakgeist behandeln und gut ausspülen.

- Wenn Tuscheflecken zu spät entdeckt werden und schon angetrocknet sind, dann müssen sie mehrere Stunden in einer 5-prozentigen Salmiakgeistlösung (ca. 10 ml Salmiakgeist auf 200 ml Wasser) eingeweicht werden, bevor man das Textil wie gewohnt waschen kann.

Urin
Körperflüssigkeit

Entfernung
- einfach

- Verunreinigungen in Textilien von menschlichem oder tierischem Urin so gut wie möglich aufputzen.

- Gegen den Geruch hilft Essig. Abschließend mit Seifenlauge behandeln, mit klarem Wasser nachspülen und wie gewohnt waschen.

- Polster, Teppiche und Matratzen genauso behandeln: Flüssigkeit so gut wie möglich aufsaugen, erst mit Essigwasser und dann mit Seifenlauge bearbeiten.

- Urinflecken kann man auch zuerst mit kaltem Wasser und dann mit sehr warmer Seifenlauge behandeln bzw. auswaschen. Restflecken und Fleckenränder mit verdünntem Salmiakgeist bearbeiten und nochmals gut ausspülen.

- Hartnäckige Urinflecken in Matratzen und Polstern lassen sich auch mit einer selbst hergestellten Salzpaste behandeln. Dazu rührt man einen dicken Brei aus Salz und Wasser an, reibt den Fleck damit großzügig ein, lässt die Paste eine Zeit lang einwirken und spült später die Stelle mit möglichst viel kaltem Wasser aus. Die gereinigten Teile möglichst an der Luft trocknen lassen.

Vogelschmutz

Tierische Ausscheidung

Entfernung
- einfach

- Flecken von Vogelkot vorsichtig mit warmem Salzwasser ausreiben oder darin einweichen. Mit klarem Wasser nachspülen und waschbare Textilien wie gewohnt waschen.

Wachs

Natürliche oder synthetische/ Chemisch uneinheitlich

Entfernung
- gut möglich

- Wachs von Textilien so gut wie möglich mechanisch entfernen.
- Wenn möglich, das mit Wachs verunreinigte Textil für etwa eine Stunde ins Gefrierfach oder die Tiefkühltruhe legen. Anschließend lässt sich das Wachs meist fast ganz ablösen.
- Wachsrückstände werden aus Geweben gelöst, indem man den Stoff zwischen zwei Löschblätter oder anderes saugfähiges Papier (Küchenkrepp oder Toilettenpapier) legt und mit einem heißen Bügeleisen darüberfährt. Farbige oder fettige Restflecken mit Fleckenwasser oder Spiritus bearbeiten.
- Bereits tiefer in gröbere Gewebe (z. B. Teppiche) eingedrungene Wachsreste lassen sich mit Perchloraethylen auflösen. Diese Chemikalie wird bei der chemischen Reinigung verwendet, ist aber auch in handelsüblichen Imprägniersprays für Leder und Textilien enthalten. Solche Sprays eignen sich nicht nur zum Auflösen von Kerzenwachs auf Textilien und Leder, sondern auch für die Entfernung von Wachsflecken auf Gegenständen mit kratzempfindlicher Oberfläche, die man nicht in ein Tiefkühlfach geben kann.

Wachsmalfarbe

Farben

Entfernung
- ziemlich einfach

- Flecken von Wachsmalstiften am besten vor der üblichen Wäsche mit Spiritus vorbehandeln.

Wasser

Entfernung
- ziemlich einfach

Eigentlich verursacht Wasser keine Flecken. Aber auf empfindlichen und nicht waschbaren Textilien wie Samt, Brokat und Seide kann es doch Spuren hinterlassen.

- Wasserflecken oder Wasserränder auf samtartigen Stoffen vorsichtig mit einer weichen Bürste aufrauen. Wasserflecken über Wasserdampf halten. Eventuell von links mit einem feuchten Tuch bügeln.

Wasserfarbe

Farbe

Entfernung

- meistens gut möglich

- Wasserfarben lassen sich leicht mit warmem Wasser auswaschen, wenn sie noch nicht eingetrocknet sind. Mit reichlich Wasser ausspülen und dann mit einem Vollwaschmittel wie gewohnt waschen. Intensive Farben müssen eventuell noch mit Gallseife vorbehandelt werden.

- Eingetrocknete Flecken werden mit Glyzerin aufgeweicht und dann wie frische behandelt.

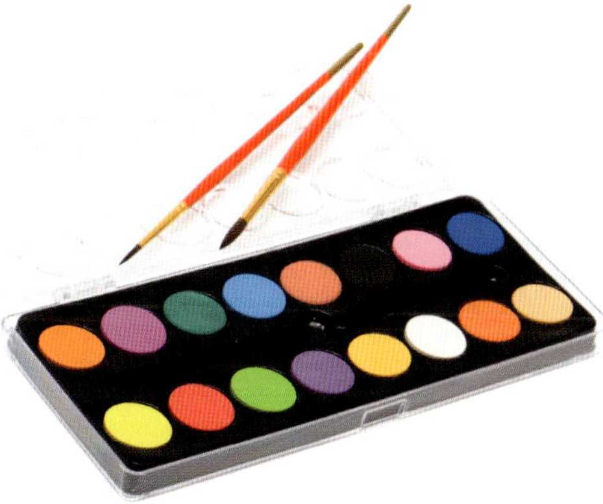

Weißwein

Gerbstoffe

Entfernung

- einfach

- Frische Weißweinflecken eventuell mit warmem Wasser sofort auswaschen oder mit Mineralwasser benetzen. Normalerweise verschwinden sie dann restlos in der anschließenden normalen Wäsche.

- Ältere Flecken sollte man mit Salmiakgeist vorbehandeln.

- Auch Teppiche und Polster können mit Mineralwasser oder warmem Leitungswasser und Salmiakgeist behandelt werden.

Zucker

Wasserlöslich

Entfernung

- einfach, wenn man aufpasst

Die Entfernung von Zuckerflecken ist problemlos möglich, aber zuckerhaltige Flecken sollten ohne Vorbehandlung nicht mit kochendem Wasser oder dem Bügeleisen in Berührung kommen. Sie könnten unter Hitzeeinwirkung karamellisieren und dadurch könnten unangenehme, ganz schwer zu behandelnde Braunverfärbungen entstehen.

- Kleinere frische Flecken zuerst mit lauwarmem Wasser anlösen und dann wie gewohnt waschen.

- Stärkere und ältere Zuckerflecken mit einer Mischung aus Salmiakgeist und Glyzerin (1:1) vorbehandeln und dann wie gewohnt waschen.

Ein Kapitel für sich: Schimmel- und Stockflecken

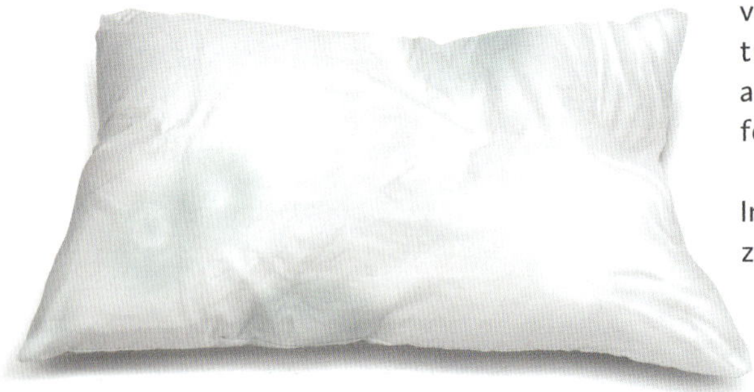

Schimmelpilze sind ein natürlicher Teil unserer Umwelt und daher auch in Wohn- und anderen Innenräumen vorhanden. Sie sind neben tierischen Schädlingen äußerst unangenehme Hausgenossen, da sie gesundheitsschädlich sind. Sie finden sich nicht nur als sichtbarer Belag auf verdorbenen Lebensmitteln, sondern auch als faseriger, flockiger oder staubiger Fleckenbelag von weißer, grauer, bläulich-grüner, bräunlicher und schwarzer Färbung auf allen möglichen Oberflächen.

Feuchtigkeit ist die Hauptursache für Schimmelbildung. Früher waren Fenster derart undicht, dass die normale Feuchtigkeit in der Raumluft, die durch Waschen, Baden, Duschen, Kochen und sogar Atmen entsteht, unbemerkt abgeführt wurde. Undichte Fensterrahmen sind zum Energiesparen inzwischen weitestgehend gegen hermetisch dicht schließende ausgetauscht. Durch richtiges Lüften und Heizen kann die Feuchtigkeit in Innenräumen, wozu auch Keller, Dachböden und andere Abstellräume zählen, begrenzt und Schimmelbildung vermieden werden, denn Schimmelpilzwachstum tritt nicht erst bei sichtbarer Feuchtigkeit auf, sondern bereits bei anhaltend hoher Luftfeuchtigkeit.

In fensterlosen Bädern sollte man keine Wäsche zum Trocknen aufhängen. Feuchte Handtücher nicht zusammenfalten oder aufeinander liegen lassen.

Wenn aber bereits Schimmel- und Stockflecken entstanden sind, dann ist es nicht ausreichend, diese nur möglichst rückstandsfrei zu entfernen, sondern die gesundheitsschädlichen Sporen müssen auch biologisch unschädlich gemacht werden. Bei der Bearbeitung von Ablagerungen und Flecken ist unbedingt darauf zu achten, dass herumfliegende Sporen nicht eingeatmet werden. Eventuell muss man sich ein Tuch vor den Mund binden, wenn man zunächst solche Flecken von Textilien, Teppichen und Polstern oder Leder abbürstet.

Stockflecken in Textilien lassen sich auf verschiedene Arten behandeln:

- Den Fleck in heißer Buttermilch, der man einen Schuss Essig beigegeben hat, einweichen und anschließend mit Wasser ausspülen.

- Eine Lösung aus Essig, Salz und Zitronensaft herstellen, den Fleck damit einreiben, einziehen lassen und in die Sonne zum Bleichen legen. Nach der Sonnenbleiche mit Wasser gut ausspülen.

- Wenn diese sanften Methoden nichts nützen und das Gewebe es verträgt, kann man Stockflecken auch mit aggressiveren Mitteln wie Chlorbleiche bearbeiten oder es mit einer Lösung aus Salmiakgeist und Salz versuchen. Dazu werden zehn Esslöffel Wasser mit je einem Esslöffel Salz und Salmiakgeist vermischt. Die Lösung auf die Flecken auftragen und an der Luft trocknen lassen. Dann wie gewohnt waschen. Die Behandlung muss eventuell wiederholt werden.

Schimmelverfärbungen in Kachelfugen
Keinesfalls zu empfehlen ist der Einsatz von handelsüblichen Fugenweißern, die das Problem nicht beseitigen, sondern nur kurzfristig überdecken.

- Zuerst den Schimmelbelag gründlich mechanisch durch Rubbeln und Reiben mit einem sehr harten Kunststoffschwamm oder einem Reinigungs-Pad entfernen. Reicht das nicht, kann man es mit einer Mischung aus 10 Teilen Salmiakgeist und 1 Teil Salz und einer alten, harten Zahnbürste versuchen, bevor man zur wenig umweltfreundlichen Chlorbleiche greift.

Stockflecken auf Duschvorhängen aus Stoff sind manchmal schwer zu entfernen. Deshalb sollte man alles tun, um Schimmel und Stock von vornherein zu vermeiden. Vorhänge nach dem Duschen nicht zurückziehen, sondern großflächig auseinanderziehen.

- Stockflecken auf Duschvorhängen aus Plastik kann man relativ problemlos mit Essig- oder Salzwasser entfernen.

Stock- und Schimmelflecken auf Polstern und Teppichen kann man natürlich nicht stundenlang einweichen, sondern sollte sie möglichst an der frischen Luft ganz austrocknen lassen. Man kann solche Flecken mit Essig, Alkohol oder Wasserstoffperoxid behandeln und anschließend mit klarem Wasser ausspülen.

- Wenn man sich entschließt, ein Fungizid (Spezial-Pilzbekämpfungsmittel aus der Drogerie oder dem Farbenfachhandel) einzusetzen, ist große Vorsicht geboten, denn Fungizide sind im Allgemeinen sehr giftig. Unbedingt die Gebrauchshinweise genau beachten und möglichst nicht in geschlossenen Räumen ohne ausreichende Durchlüftung anwenden.

Schimmelflecken auf Leder kann man nach dem Abbürsten mit einer Lösung aus einem Teil Isopropanol und einem Teil Wasser ausreiben oder mit einem Desinfektionsmittel einreiben oder einsprühen. Möglichst der Sonne aussetzen und anschließend das Leder mit einer Pflegecreme oder Lederfett nachbehandeln.

Flecken auf Leder

Spezialfall Leder

Tierhäute sind die ältesten Materialien, mit denen sich Menschen bekleideten.

Leder ist gegerbte Tierhaut, meist von Rind, Lamm, Ziege, Schwein oder heimischen Wildtieren wie Hirsch und Reh, aber auch von Exoten wie Strauß oder Elefant, von Schlangen und anderen Reptilien. Die letztgenannten Tierhäute werden aus Artenschutzgründen kaum noch angeboten. Ihre modischen Imitationen sind absolut pflegeleicht, weil abwasch- und manchmal sogar waschbar.

Einige Lederarten sind recht unempfindlich und strapazierfähig, andere dagegen sehr empfindlich. Manche Lederteile müssen ständig gepflegt werden, andere benötigen nur dann Pflege, wenn sie verschmutzt sind oder Flecken aufweisen. Eines ist aber klar:

! Leder kann nicht auf dieselbe Art gereinigt werden wie Stoff.

Egal, ob es sich um Kleidungsstücke wie Jacken, Mäntel, Hosen, Röcke oder Motorradmonturen aus Leder handelt oder um Gürtel, Schuhe, Handschuhe oder Taschen: Um lange und ungetrübte Freude an den schönen und meist auch teuren Stücken zu haben, sind einige Grundregeln zu beachten:

- Lederbekleidung, Schuhe und Taschen vor dem ersten Tragen gründlich mit einem Leder-Imprägniermittel einsprühen, um sie vor Wasserflecken zu schützen und die Schmutzaufnahme zu verringern.

- Wenn Leder nass geworden ist, darf es nicht in der Nähe von Heizkörpern oder in der Sonne getrocknet werden.

Glattleder

Normales Leder mit einer glatten Oberfläche vom Rind, Kalb, Schwein oder Lamm kann man im Allgemeinen gut mit lauwarmem Wasser und einem milden Feinwaschmittel reinigen.

Entfernung

- Der Schmutz wird zunächst mit einem weichen Tuch weggerieben und dann vorsichtig mit einem feinen Schwamm und einer Waschlösung oder besser noch nur mit Schaum behandelt.
- Im Fachhandel gibt es, besonders für Glattleder wie Nappa- und Anilinleder, geeignete Spezialreinigungsmittel als Lederseife (Paste oder Stücke) und Lederwaschkonzentrat (flüssig).
- Für die anschließend notwendige rückfettende Pflegebehandlung gibt es gleichfalls zahlreiche Lederpflegemittel zu kaufen. Oft reicht aber schon einfache farblose Schuhcreme zur Nachbehandlung aus.

- Leder muss atmen und sollte daher luftig und trocken aufbewahrt werden. Niemals im feuchten Keller oder in Kunststoffbeuteln lagern. So entstehen Schimmel- und Stockflecken.
- Niemals versuchen, Leder mit scharfen Lösungsmitteln oder Fleckenentfernern für Textilien zu behandeln.
- Sofort nach der Reinigung oder Fleckenbehandlung sollte Leder gepflegt werden.

- Man kann sich sowohl ein Lederfett als auch eine Lederpflege gut und preiswert selbst herstellen:

Rezept für Lederfett:
- 100 g Schafsfett
- 10 g Terpentin
- 100 g Leinöl

- Alle Zutaten sind erhältlich in Apotheken bzw. Bio- und Naturkostläden.

- Das Schafsfett in einem alten Topf oder einer Blechdose schmelzen. Dann Terpentin und Leinöl hinzufügen und kräftig umrühren. Abkühlen lassen.

Rezept für ein Lederpflegemittel:
- 100 g Lanolin (Wollwachs)
- 100 g Rizinusöl

- Alle Zutaten sind erhältlich in Apotheken.

- Die Zutaten gut miteinander vermischen und in eine Plastikflasche füllen und beschriften. Das ist besonders wichtig in Haushalten mit Kindern.

- Flecken auf Glattleder von Alkohol, Blut, Milch, Speiseeis und sogar von Fett lassen sich meist problemlos mit einer nach Packungsvorschrift verdünnten Laugenlösung von Lederwaschkonzentrat behandeln. Anschließende Pflege nicht vergessen.

- Frische Tintenflecken sofort mit Backpulver bestreuen. Behandlung eventuell mehrmals wiederholen.

- Glattes weißes Leder, beispielsweise von Handtaschen, Schuhen und Gürteln, wird fast wieder wie neu, wenn man es mit Milch und Eiweiß behandelt. Beide Substanzen zu etwa gleichen Teilen miteinander mischen und mit einem sauberen weichen Tuch auf dem Leder verteilen. Anschließend gut auspolieren. Noch wirkungsvoller ist die Kur, wenn man das Eiweiß vor dem Vermischen mit der Milch zu Schaum schlägt.

Rauleder

Typisch für Rauleder, auch Wildleder genannt, ist die samtige Oberfläche.

! Zur mechanischen Reinigung und Pflege von Nubuk- und Veloursleder gibt es in Schuh- und anderen Lederfachgeschäften spezielle Hilfsmittel wie Ledergummis und Krepp-bürsten. Grobe Verschmutzungen, aber auch verschmutzte Stellen wie Speckränder an Kragen und Tascheneingriffen kann man mit diesen Hilfsmitteln wegradieren.

Entfernung

- Wasserflecken von Regentropfen auf Veloursleder sind meistens nur Oberflächenverklebungen, die man mit einer weichen Bürste gegen den Strich leicht wegbürsten kann.

- Bei Fett- und Ölflecken auf Veloursleder sollte man sofort zu Kreide (oder ersatzweise Talkumpuder) greifen. Weiße Tafelkreide zu Pulver zerstoßen, auf den Fettfleck streuen und einwirken lassen. Kreide oder Talkum saugen das Fett aus dem Leder heraus. Der Kreide- oder Puderstaub lässt sich später problemlos ausbürsten.

- Ältere Fettflecken kann man mit steif geschlagenem Eiweiß behandeln. Den Fleck mit dem Eischnee abreiben. Mit klarem Wasser abspülen.

- Frische Flecken vom Kugelschreiber auf Veloursleder lassen sich mithilfe von durchsichtigem Klebeband entfernen. Klebestreifen fest andrücken, wieder abziehen und eventuell mit Velourstein (erhältlich im Fachhandel für Lederbekleidung) wegradieren.

! Kugelschreiberspuren niemals kreisförmig, sondern immer in Strichrichtung ausreiben.

SOS

Wenn nichts mehr hilft

Letzte Rettung

Was tun, wenn alles nichts genützt hat oder der Versuch, den Fleck im wertvollen, gar unersetzlichen Textil zu entfernen, so gründlich danebengegangen ist, dass guter Rat im wahrsten Sinne des Wortes nun teuer ist?

Dann bleibt möglicherweise nur der Gang zur professionellen chemischen Reinigung, oft allerdings auch mit wenig Aussicht auf Erfolg, denn außer Chemiekeulen und Haftungsausschluss für die Fleckenentfernung ist nicht viel Rettung zu erwarten. Es sind vielmehr mutige oder lässige Lösungen gefragt, um das schöne und geliebte Textil nicht in den Lumpensack oder die Altkleidersammlung entsorgen zu müssen.

Abdecken

- Je nachdem, wo der Fleck sitzt, kann man die Stelle fantasievoll „verzieren“, z. B. mit einer Brosche.
- Witzig ist es auch, egal an welcher Stelle, auf das geliebte Shirt oder die hübsche Bluse einen schönen Knopf zu nähen. Das kann dann ein richtiger Hingucker sein.
- Man kann auch zu Nadel und Faden greifen und das Stück mit einer kleinen Stickerei verzieren.
- Um Löcher in Kinderkleidung zu verdecken, gibt es drollige Aufbügelmotive, mit denen man genauso gut einen widerspenstigen Fleck auf sommerlicher Freizeitkleidung verdecken kann.

Färben

Man kann das Problem mit einem Fleck, der sich hartnäckig jeder Entfernung widersetzt, auch kreativ durch Färben bzw. Umfärben lösen. Es ist gar nicht so unwahrscheinlich, dass man nach vollbrachter Tat über ein neu anmutendes, attraktives Wäsche- oder Kleidungsstück verfügt.

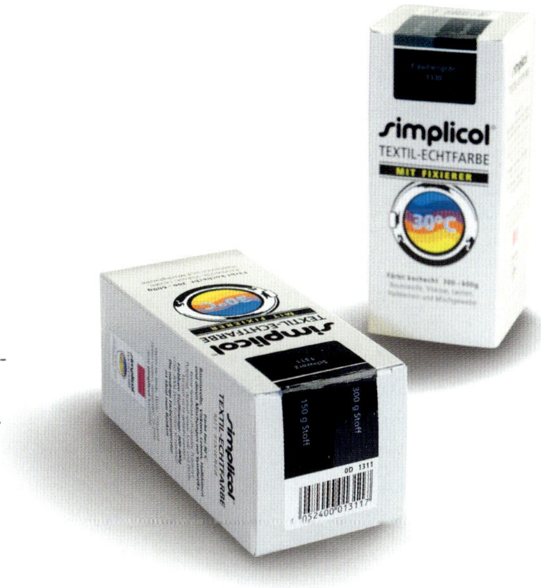

- Färben kann man alle Textilien, die waschbar sind. Das gilt im Allgemeinen für alle Haushaltstextilien wie Tischdecken, Bettwäsche, Gardinen und Blusen, Shirts, Hosen und Kleider.

- Grundsätzlich gilt: Stoffe, die man nicht waschen kann, lassen sich auch nicht färben. Also: vor dem Kauf von Textilfarben (erhältlich in Drogerien und Supermärkten) einen Blick auf das Pflegeetikett des zu behandelnden Wäschestücks werfen.
- Nicht färben lassen sich: Polyester, Polyacryl sowie Mischgewebe mit Acrylanteil.
- Es gibt sogenannte Auffrischfarben und Echtfarben. Um ein Fleckenproblem durch Färben zu lösen, wird man wohl am besten zu den Echtfarben greifen.

- Naturfasern wie Baumwolle, Leinen und Viskose lassen sich problemlos in der Waschmaschine färben. Wolle und Seide sollten nur von Hand gefärbt werden.

- Mischfasern aus Natur und Synthetik sollte man nur dann färben, wenn der Anteil der Naturfasern mindestens 50 Prozent beträgt, da der Synthetik-Anteil die Farbe schlechter annimmt.

- Logisch ist, dass die neue Farbe dunkler sein muss als die schon auf dem Stoff befindliche und dass das Farbergebnis nicht nur vom gewählten Farbton der Textilfarbe abhängt, sondern auch vom bereits vorhandenen Farbton.

! Das Ergebnis des Umfärbens kann schon mal überraschend sein, denn Textilfarben sind lasierende Farben und nicht deckend wie Lacke und Wandfarben. Wenn man also einen gelben Stoff mit Blau färbt, kann dabei ein Grünton herauskommen. Weiße und beige Originalfarben sind meist unproblematisch und nehmen den gewünschten dunkleren Farbton an.

Kunststopfen

Ungewöhnliche Situationen erfordern ungewöhnliche Maßnahmen.

- Bei einem Brandfleck oder Brandloch im wertvollen Abendkleid oder im Designeranzug wäre alles klar: Die Lösung hieße: Kunststopfen. Sie sind zwar seltener geworden, aber es gibt sie noch, die Kunststopfer.

! Reinigungen können oft weiterhelfen.

- Warum also nicht, wenn der Fleck klein ist und sich in einem besonders wertvollen Kleidungsstück befindet, an Kunststopfen denken?

! Es ist allerdings nicht zu empfehlen, selbst zur Schere zu greifen, sondern auch das dem oder der Stopfkünstler/in zu überlassen.

- Handelt es sich nur um leichte Brandspuren, kann man versuchen, sie durch Einfeuchten mit Boraxwasser und nach dem Trocknen durch Bügeln zu entfernen. Manchmal hilft auch einfach viel Salz und etwas Wasser.

Register

A

B

C

D

E

F

Genehmigte Lizenzausgabe
EDITION XXL GmbH
Fränkisch-Crumbach 2009
www.edition-xxl.de

Idee und Projektleitung: Sonja Sammüller
Layout, Satz und Umschlaggestaltung:
SAMMÜLLER KREATIV GmbH

ISBN (13) 978-3-89736-290-1
ISBN (10) 3-89736-290-2

Schnelle Hilfe bei Vergiftungen

Die Giftinformationszentrale Bonn hilft Ihnen rund um die Uhr 24 Stunden lang bei einem Verdacht auf Vergiftung weiter:

- **Tel.: 0228-1 92 40**
  www.giftzentrale-bonn.de

Sie sollten allerdings auch unverzüglich den **Notarzt (110 oder 112)** verständigen.

Um Vergiftungsunfälle zu vermeiden, gilt grundsätzlich:

- Bewahren Sie Putzmittel stets außerhalb der Reichweite von Kindern auf.
- Füllen Sie niemals Chemikalien, Haushaltsmittel oder Ähnliches in Gefäße für Lebensmittel (z. B. in Flaschen).